異形の良寛

渇きと訪れ

武藤雅治

花伝社

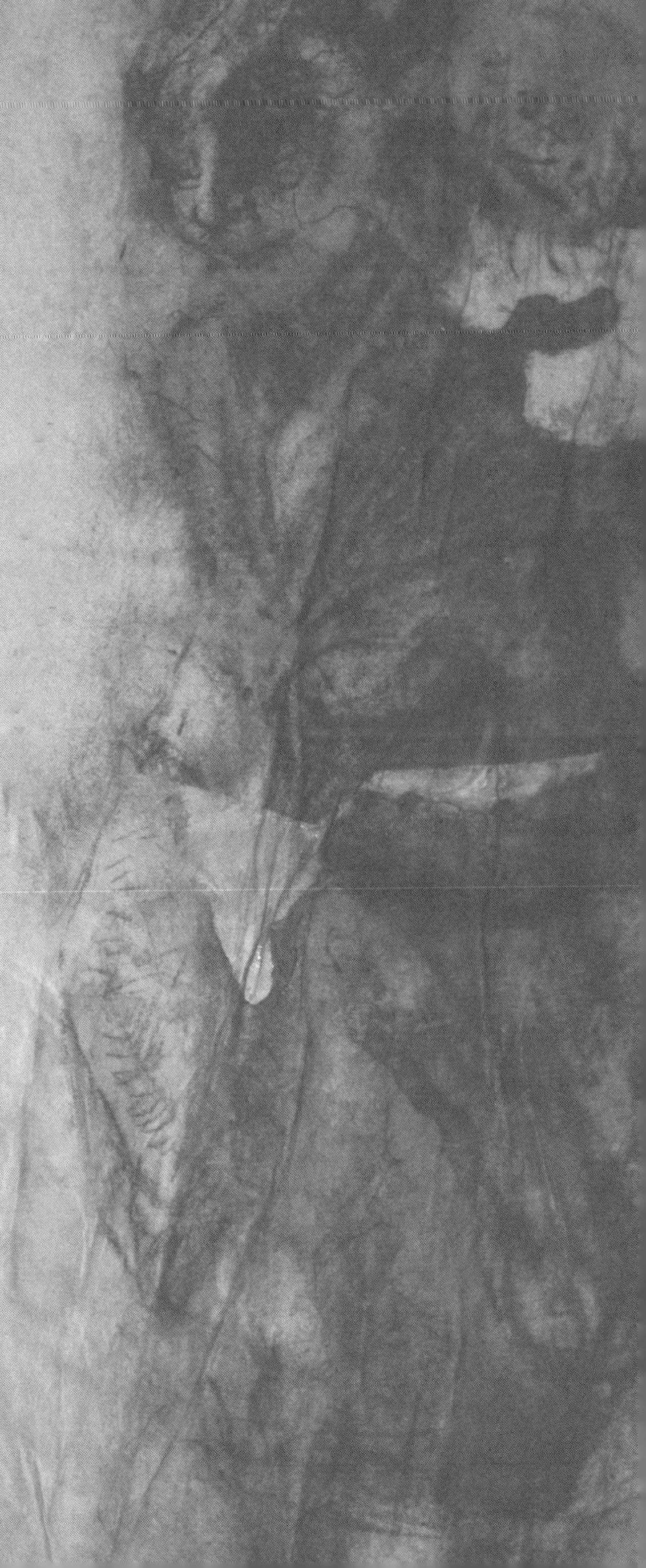

異形の良寛——渇きと訪れ◆目次

1 「異人」の貌

名主見習役を放擲《ほうてき》し、二十二歳のころ出郷した良寛が、産土《うぶすな》の地、越後に戻ってきたのは、すでに四十に近い年齢であった。姿形は、よれよれの僧衣姿であった。僧侶とは名ばかりの態《てい》、しかし、みすぼらしい外見ではあったが、禅僧の矜恃は、一衣一鉢《いちえいっぱつ》のその乞食姿《こつじきすがた》の内側に、かろうじて秘められていた。年老いた蓬髪《ほうはつ》の雲水は、人目を忍ぶように、生い育った思い出の地をあちらこちらと彷徨する。

自従一破家散宅　　一たび破家散宅してより、
南去北来且過年　　南去北来しばらく年を過ごす。
一衣一鉢訪君家　　一衣一鉢君が家を訪ふ、
復是凄風疎雨天　　また是れ凄風《せいふう》疎雨の天。

「暮投閑閑舎」（暮れて閑閑舎に投ず）と題のある、帰郷まもないころの七言絶句である。「破家散宅」は出家、「南去北来」は諸国行脚のこと。「閑閑舎」は旧友、原田鵲斎《じゃくさい》の居宅。若かりしころは、漢学塾の学友でもあった鵲斎を、托鉢姿のまま訪ねたときの思いが詠まれている。およそ二十年ぶりの再会に、どのような感慨をおぼえたことだろうか。

滝川昆堂作「たくはつ良寛」

結句の一行、「また是れ凄風疎雨の天。」から想像される感慨は、けっして、優しく好ましいものではない。再会を喜び、旧交を温めあうような感動的なものとも思えない。この詩句には、どことなく悲壮感がただよっている。「また是れ」の「是れ」には、「一衣一鉢」の一禅僧となった変貌の個我が呈示され、その個我の複雑な心境が、苦しく発語されている。ただに詠嘆の詩語にほかならない。そして、現前する情景は何か。それはまさしく、「凄風疎雨の天」であった。きびしい雨まじりの風の吹き荒れる天候である。この情景は、実景であると同時にまた、一帰郷者の内景でもある。鵲斎宅の前に立ち、立ちすくんで茫漠たる思いに襲われたのではなかろうか。

越に来てまだ越しなれぬ我なれやうたて寒さの肌にせちなる

やはり、帰郷したころの作。「うたて」とは、ますますひどくの意。「せちなる」も同様の意。「うたて」「せちなる」と畳語的に調《しら》ぶる修辞によって、実感のこもった歌になっている。「寒さ」の実感は、同時に「越しなれぬ我」の実感である。初句・二句の「越」と「越し」は掛詞。古今的な修辞だが、実感を削ぐものではない。故郷に帰ってきたものの、なかなか故郷になじめない心情が、抒情的に詠まれている。漢詩に比べると、その心情はやわらかく、より内省的である。漢詩と和歌、形式の違いによって、同じ帰郷時の心境も、発露の印象は異なる。

良寛の帰郷、それは、少年・栄蔵、青年・文孝の帰郷であった。栄蔵・文孝は良寛の昔の名。帰郷者は、昔の我を帰郷させるのだ。「錦をかざる」などとは虚しい美辞に過ぎない。功成り名を遂げさせるためだけの、道徳的麗句に過ぎない。故郷を出奔した者にとって、故郷は、反語的トポスとなって出迎える。

流浪も客死もかなわなかった良寛は、故郷に生還する。行方不明の少年が、死んだはずの青年が、とにもかくにもたどり着いたのが故郷越後であった。優しく迎えてくれる故郷ではない。「是れ凄風疎雨の天」「うたて寒さ」と痛感する故郷にであった。そしてそれは、すでに、きたるべき近代社会における故郷意識につながっているように思える。

たとえば、啄木の故郷意識。歌集『一握の砂』（一九一〇年刊）には、「煙」と小題を付した一連の望郷詠がある。十七歳のとき、突然、盛岡中学校を退学し上京した経験や、二十二歳のとき、一家離散して北海道に渡ったことなどが、望郷意識の背景にある。

病《やまひ》のごと／思郷《しきやう》のこころ湧く日なり／目にあをぞらの煙かなしも
石をもて追はるるごとく／ふるさとを出でしかなしみ／消ゆる時なし
ふるさとの土をわが踏めば／何がなしに足軽《かろ》くなり／心重《おも》れり

離郷と帰郷を繰り返した、啄木の望郷意識は複雑であった。アンビバレントな感情であった。恋しく思う気持ちと、嫌悪する気持ちが交錯して、心が重くなるのである。

石川県金沢に生まれた室生犀星もまた、望郷意識は複雑であった。郷里金沢と東京を往復するなかで、犀星は屈折した思いを抱くようになる。『抒情小曲集』（一九一八年刊）に所収「小景異情　その二」には、郷里との心理的距離を、しだいに遠くしてゆく心情が詠まれている。

ふるさとは遠きにありて思ふもの
そして悲しくうたふもの
よしや
うらぶれて異土の乞食《かたゐ》となるとても
帰るところにあるまじや
ひとり都のゆふぐれに
ふるさとおもひ涙ぐむ

そのこころもて
遠きみやこにかへらばや
遠きみやこにかへらばや

「遠きにありて思ふもの」とあることから、遠方にあって郷里を詠ったように解釈されやすいが、この詩は、帰郷して金沢にいたときの思いが吐露された作品である。故郷を感傷的な思慕の対象としながら、同時に、違和や抵抗をおぼえざるをえなかった犀星の苦悩は深い。希望は失望へ、失望は希望へのベクトルとなりやすい。「遠きにありて思ふもの」でしかなかった故郷への愛憎。帰還と脱出のアンビバレントな感情であった。

さて良寛はどうか。越後の良寛さん、手毬の良寛さんと呼べば、故郷に親和的な良寛像が思い浮かぶ。しかし、良寛の帰郷は、啄木や犀星などにつながる近代的故郷意識であったように思われる。村里の風景のなかに、子どもたちと遊び戯れる柔和な姿に、良寛像は象徴されるけれども、そうした光景は、帰郷当時のものではない。二十余年を経て、故郷の村里に漂着せざるをえなくなった初老の男は、故郷の酷薄さに、まず出迎えられたにちがいない。もはや、脱出のモメントは喪失し、ここにしか居場所のない自己を発見したにちがいない。温和な人格にいたるまでには、少しく時間を要したであろう。

今日出城下
千門乞食之
路逢有識人
道子黄泉帰
忽聞只如夢
思定涙沾衣
与子自少小
往還狭河陲
不啻同門好
共有烟霞期
家郷分飛後
消息両夷微
当此揺落候
棄我何処之
聚散元有分
誰能永追随
吁嗟復何道

今日城下に出でて、
千門食《じき》を乞ふてゆく。
路に有識の人に逢へば、
道《い》ふ子《し》は黄泉に帰せりと。
忽《たちま》ち聞くただ夢のごとし。
思ひ定まりて涙衣を沾《うるほ》す。
子とは少小より、
狭河の陲《ほとり》を往還す。
ただに同門のよしみにあらず、
共に烟霞の期あり。
家郷分飛して後、
消息両《ふた》つながらに夷微たり。
この揺落の候にあたり、
我を棄てて何処《いづこ》にかゆける。
聚散もとより分あり、
誰かよく永く追随せむ。
吁嗟《あゝ》また何をか道《い》はむ。

飛錫帰去来　錫を飛ばして帰去来《かへりなむいざ》。

五言十八句の漢詩である。中国近体詩の形式でいう排律の詩。「聞之則物故」（之則《ゆきのり》の物故を聞く）と題をおく。帰郷してまもなく、托鉢の途上、旧友の訃報に接したときの衝撃が述べられている。原田鵲斎と同様、大森子陽の漢学塾に通った親友であった。「共に烟霞の期あり。」とは、共に遊学の希望に胸熱くしていた、とでも現代語訳することができよう。おそらく、勉学を競いあう真の学友、すなわちよきライバルであったにちがいない。「聚散もとより分あり、誰かよく永く追随せむ。」は、「会者定離《えしゃじょうり》」という仏教用語に置き換えられようか。しかし、曹洞禅を学んだ良寛ではあるが、こうした達観した死生観によって慰められるわけではなかった。「吁嗟また何をか道はむ。」には悲痛な叫びが感じられる。この言いようのないほどの悲しみは、詩人の悲しみである。友の死が、他者のことであるばかりではなく、自己のことでもあるからこそ、「吁嗟」とことばを失うのである。自他不可分の悲しみがここにはあり、旧友を喪うこと、それは、心の故郷を喪うことにほかならない。

結句に、陶淵明の散文から「帰去来」をひいて詩は完結する。官を辞して帰郷し、自然を友とする田園生活に生きようとする決意を述べた陶淵明の「帰去来」である。しかし、その「帰去来」を借りているが、良寛の「帰去来」は、陶淵明のように颯爽たるものではない。「かへりなむいざ」と言いながら、帰るところは故郷ではない。人里はなれた仮寓の庵である。悠々として勤しむ田園もなければ、友人もいない。言わば、帰るところのないトポスに帰ろうとする「帰去来」である。
郷里を、反語的トポスと意識したことにおいて、啄木も犀星も、良寛もまた同じような近代的帰郷意識とたたかい、また悩む人でもあった。それはやがて、境界に生きる意識へと流着する。啄木、犀星の東京は、対故郷として流着する場所であり、そこは、近代的境界人の眼をやしなう場所となっていったのである。では、良寛の「帰去来」はどうだろう。「かへりなむいざ」と言挙げした以上、とりあえず、その目指す先には五合庵があった。そこは草庵というもうひとつの故郷であった。いや、境界としての故郷と言うべきかもしれない。五合庵仮寓時代の律詩に、「夢中問答」という作品がある。

乞食到市朝　　食《じき》を乞ひて市朝に到り、
路逢旧識翁　　路に旧識の翁に逢ふ。
問我師胡為　　我に問ふ。師なんすれぞ、
住彼白雲峰　　かの白雲の峰に住むかと。
我問子胡為　　我は問ふ。子なんすれぞ、
老此紅塵中　　この紅塵のうちに老ゆるかと。
欲答両不道　　答へむと欲して両《ふた》りながら道《い》はず。

夢破五夜鐘　夢は五夜の鐘に破らる。

「白雲の峰」は五合庵をさす。これに対して「紅塵」は市井をさす。比喩によって、非俗世間と俗世間が、対照的に描きだされている作品だ。良寛の本意を、非俗世間に生きる人としてみることが一般的定説であろう。しかし、この詩に描かれた夢、すなわち深層心理の世界は、「両りながら道はず。」とあるように、俗と非俗のどちらにもコミットしていない。「翁」と「我」の「夢中問答」の対峙に、作者、すなわち良寛は決着をつけず、むしろ、俗と非俗を無化してさえいるようだ。あるいは、俗と非俗の境界に意味を見いだしているようにも思える。俗でもなく非俗でもなく、逆に言えば、俗でもあり非俗でもある境界は、両義性によって存立する場所である。

東北学を提唱したことで知られる民俗学者の赤坂憲雄は、『異人論序説』（一九八五年刊）に、「異人」の態様を、漂泊と定住の交通的視角から六つに分類する。①一時的に交渉をもつ漂泊民、②定住民でありつつ一時的に他集団を訪れる来訪者、③永続的な定着を志向する移住者、④秩序の周縁部に位置づけられたマージナル・マン、⑤外なる世界からの帰郷者、⑥境外の民としてのバルバロス、以上六つの「異人」である。

この分類によって、良寛の境界、つまり草庵というトポスを見るならば、④と⑤の「異人」を、帰郷当時の良寛像に重ねることができるだろう。五合庵仮寓生活を、宗教的隠棲としてとらえるのが一般的定説であるが、それは、結果的にみた場合の宗教的様式であって、過渡的に見れば、④と⑤の「異人」の態様によって、五合庵仮寓生活に流着したものと考えられる。
また、こうした過渡的な「異人」を、なりゆきにしたがって想像すれば、⑤から④への経過をみることができよう。二十余年を経て帰郷した「異人」は、やがて、共同体（故郷）の周縁部に流着する「異人」として位置づけられてゆく。この「異人」は境界人（マージナル・マン）である。山中の草庵に暮らしはじめた初老の人物。「マージナル・マン」としての良寛が誕生する。赤坂憲雄は、こんなふうにも書いている。

帰郷者は共同体の外なる世界を体験しているために、共同体の内部に定住する人々にとっては、ある種のズレないし異和の雰囲気を漂わせる存在である。やはり、定住者とは異なる潜在的な遍歴者の貌《かお》をもっている。その〈異人〉の貌がやがて消失する一過性のものであるのかいないかは、個々の条件によって決定されるはずである。

さて、その後の良寛は、「異人」の貌を消失したのか否か。草庵に暮らしはじめてから死ぬまでの間、およそ三十余年にわたる後半生を、どのように過ごしたのであろうか。それを知る手がかりは、良寛の遺したもののなかにあるはずだ。漢詩、和歌、書簡、俳諧、書など、これらのテクストを綜合的に読むことによって、その「異人」のゆくえを探ることができるだろう。

2　児童との遭遇

　出奔して備中玉島（現倉敷市玉島）の円通寺で曹洞禅の修行をした後、帰国したのは寛政八年（一七九六年）の頃であった。すでに、父も母も亡くなっている。生家は橘屋を屋号とする名主職にあった。亡き父の跡を弟由之《ゆうし》がその職能を継いでいた。しかし、橘屋は父の時代から近隣の庄屋や町年寄、そして橘屋の管轄する百姓との間にさまざまな問題を起こし、家運は傾き、衰亡の危機に陥っていた。富裕な家柄にあって、家業をよそに、父も弟も詩歌の道に勤しむとともに、酒を好み遊興にふける生活ぶりであった。このため、名主の職責を充分に果たさなかったことが橘屋衰亡の最大の原因である。

　生家のこうした情況を前に、橘屋の長子であり、由之の兄である良寛は、どのような思いを抱いただろうか。家督を放棄して出奔したことを思えば、衰亡の一因を我が身に感じないはずはない。帰国してまず直面したのがこの現実である。そして罪責感ではなかったか。帰国したものの自分の居場所がないのである。帰国当時の思いを詠んだ短歌に、〈越に来てまだ越しなれぬ我なれやうたて寒さの肌にせちなる〉がある。心身ともに故郷になじめない不甲斐なさが率直に歌われている。

越後の文人、橘茂世（崑崙とも号した）の『北越奇談』「巻之六　人物其三」に、良寛について述べた箇所がある。原稿用紙にして二枚足らずの短文だが、帰国当時の様子が簡潔に記されている。同書は文化八年（一八一一年）に江戸の書肆永寿堂から上梓された大衆向けの書物である。この年良寛は五十四歳。同時代かつ同郷の文人によって書かれた人物伝である。いわゆる伝記物に特有の美談化されたところはあるものの、描出された地理や人物がすべて実在していることから、基本的な内容の信憑性は高い。一文の後半部分を引用する（句読点とルビは適宜筆者が付けた）。

其居出雲崎を去ること纔《わづか》に三里。時に知る人在《あり》、必橘氏某ならんを以《もつて》予が兄彦山に告ぐ。彦山即《すなはち》郷本の海濱に尋てかの空菴を窺ふに不レ居《をらず》。只柴扉鎖《とざす》ことなく薜羅《へきら》相纏《あいまと》ふのみ。内に入りて是を見れば机上一硯筆、炉中土鍋一ツあり。壁上、皆詩を題しぬ。これを讀《よむ》に塵外仙客の情自《おのづか》ら胸中清月の想ひを生ず。其筆跡、紛ふ所なき文孝なり。然《しから》ば是を隣人に告て歸る。隣人、即《すなはち》出雲崎に言《こと》を寄《よす》。爰《ここ》に家人出で來り相伴ひ歸らんとすれども、了寛不レ隨《したがはず》。又衣食を贈れども用ゆる所なしとて、其餘りを返す。後《のち》行く所を知らず。年を經てかの五合庵に住す。平日の行ひ皆如《かくのごとし》レ此。實に近世の道僧なるべし。

「了寛」は誤記であろう。帰国した良寛は出雲崎の生家橘屋には立ち寄らず、そこから三里ほど先の郷本という海浜の空庵(漁師小屋、いわゆる浦の苫屋か?)に仮寓する。兄の彦山がその空庵を訪ねてみると良寛は不在であった。彦山と良寛は少年時代、大森子陽塾での同門の仲であった。空庵の壁に貼られた書の筆跡から、仮寓する人物が文孝すなわち良寛であることを確信する。生家橘屋にこのことが伝えられ、家人(弟、由之か、あるいはその家族の者か?)が行き、生家に来るよう説得するが頑として応じなかった。その後良寛は他所を転々とし、何年か経て五合庵に落ち着くようになった。

概略このような内容であるが、重要な点は、良寛が生家への帰宅を拒否しているということである。生まれ育った懐かしい我が家に戻ることを頑なに拒んでいること。帰りたくとも帰れない我が家。否、もはやそこは我が家ではない我が家。幻の我が家である。帰るべき家があればこそ帰宅という日常性は担保される。しかし、良寛には、その日常性は失われているのだ。帰宅、あるいは一時帰宅と言いかえても、帰宅ということばに付帯する日常性を、もはや、どうしようもなく喪失してしまった者の苦悩、それが、良寛の帰宅拒否ではなかったか。

日常性の喪失、あるいは日常性からの逃避。良寛の帰郷は未完のまま、ここからまた新たに始まることになったのである。いわば宙づりの帰郷である。生家から三里、付かず離れずの距離に帰還し、そこからまた彷徨する姿は、まるで異邦人のようである。国上山《くがみやま》中腹の五合庵に落ち着くようになるまでのおおよそ九年間、乞食《こつじき》の日々は食うや食わずの日々である。異邦人を見るような故郷の人々の目に晒されながら、ただひたすら歩く人となって彷徨する日々。排除と包摂を無意識の規範とする村落共同体のなかにあって、托鉢という行動様式がなければ、彼はたぶん、その世俗的な世界を生き延びることはできなかったかもしれない。また、禅僧としての自恃がなければ、排他的、差別的な視線に堪えることができなかったかもしれない。禅僧と異人、この二つの貌《かお》を内蔵させながら、ただ歩くために歩く。放念狂喜して歩き続ける。犬も歩けば棒にあたるような日々を過ごし、そうするうちにやがて故郷のなかへ馴染んでいったのではなかろうか。そして、この故郷内部への徹底した回帰の途上に遭遇した児童との関係が、再生の契機を彼に与えたのではなかろうか。

孤拙兼疎慵　　孤拙にして疎慵を兼ね、
我非出世機　　我は出世の機にあらず。
一鉢到処携　　一鉢を到るところに携え、
布嚢也相宜　　布嚢もまた相宜し。
時来寺門傍　　時に寺門の傍らに来たりて、
偶与児童期　　偶《たま》ま児童と期《ご》す。

生涯何所似　　生涯は何に似たるところぞ、
騰騰且過時　　騰騰として且《まさ》に時を過さんとす。

「孤拙」とは今日でいうひきこもりのような状態であろう。「疎慵」は怠け者。良寛はまず、自己をこのように社会性の欠如した人間として顧みる。「出世」の対極に、冒頭この「孤拙兼疎慵」をおいた意味は、脱俗の意思、すなわち仏者としての自覚に促された仏教思想的なものを背景としているけれども、そこに悟りきった観念臭のようなものがないのが良寛詩の特徴である。それは「孤拙」も「疎慵」も、彼の実感から素朴に言語化されているからである。自嘲ぎみに、しかし自恃を手放さず含羞を含んだイロニーさえ感じさせる措辞は、良寛詩のもっとも味わい深いところである。

さて、「孤拙兼疎慵」の彼が、結句「騰騰且過時」の彼に転じてゆく過程に、児童との遭遇を考慮しておきたい。その過程は偶然でありながら、その精神過程を思慮するとき、必然の遭遇と言えるのではなかろうか。それは良寛にとってもまた児童にとっても、相互関係における必然的遭遇と見ておきたい。右の漢詩の起承転結の転に当たる二行、「時に寺門の傍らに来たりて、偶ま児童と期す。」をよく読めば、良寛が児童と遭うことをあきらかに期待していたことがわかる。門前で遊んでいるであろう児童たちにさりげなく遭う。そういう偶然を想念しつつ彼は托鉢していたのではなかろうか。次のような詩もある。

頭髪蓬蓬耳卓朔
納衣半破若雲烟
日暮城頭帰来道
児童相擁西又東

頭髪蓬蓬、耳卓朔、
納衣半ば破れて雲烟のごとし。
日暮れて城頭帰来の道、
児童相擁す西また東に。

托鉢の帰途いつもの街中を通れば、そこに待ち構えている児童の群れ。その情景は結句に「児童相擁す西また東に。」と簡潔に描出されている。多少の誇張はあるかもしれないが、良寛と児童の親密な関係がよく伝わってくる。「擁す」は抱きかかえる、守る、従えるなどの意味であるが、ここでは一つの意味に限定せず、すべての意味を綜合して捉えておきたい。生き物の本能は快・不快による接近と逃避を行動原理とする。人間もまた然《しか》り。「頭髪蓬蓬」の乞食僧のもとに児童が擁されるのは、快の本能が働くからにほかならない。外見による快・不快ではなく内実による快・不快を、児童はよく本能とする生き物である。大人はよくその本能を忘却する生き物である。また巧みに隠蔽するすべをも身につける。大人とはそういう生き物だ。だが、みすぼらしい大人に接近し遊びを要求する児童たち。その児童たちを擁して遊戯に没入する初老の男。このような人間関係はもはや近代以降には皆無だ。内実を感知しあう本能、すなわち快・不快の原理によって児童とその男は接近したのである。

しかし、その男が児童に接近した理由は、快・不快の原理それればかりではない。後年、五合庵から乙子《おとご》神社に移ったころの漢詩には、憤慨をあらわにするきわめて世俗的心境のなかにしばしば児童が登場する。

自澆風蕩淳　澆風淳を蕩《はら》つてより、
不知幾日子　幾日子《いくにつし》なるを知らず。
書生偏流文　書生は偏へに文に流れ、
釈氏固執理　釈氏は固く理に執す。
寥寥千載下　寥寥たる千載のもと、
無人論斯旨　人のこの旨を論ずるなし。
不如従児童　児童に従ふにしかず、
遅日打毬子　遅日毬子を打たん。

語釈を省き、谷川敏朗の現代語訳をそのまま借りる。

「薄情な風潮が、純朴な社会をすっかり払い除いてから、どれほどの月日がたったか分からない。道を学ぶ者はやたらと文章を飾りたて、僧侶は固く宗派の教えにこだわっている。わびしいことにこの千年以来、だれも人間の本質である純朴さを話し合おうとしない。そこで子供たちとともに春の日ながが、毬をつくのに勝るものはない。」（『良寛全詩集』より）

政治、文化、宗教、など世相全体にわたってかなり激しい憤りを良寛が抱えていたことが分かる。児童と遊び戯れる柔和な貌《かお》の内側に、このような悲憤を抱えていたことを忘れてはなるまい。「人のこの旨を論ずるなし。」は現代にも通ずる社会批評である。そして、「児童に従ふにしかず」とあるように、堕落した世相の対極には児童の世界があり、それが唯一の救いであったのかもしれない。現世を超えた彼岸のような世界であったのかもしれない。否、憂うべき現実のなかに出現する児童は、救いでも彼岸でもなく、より切実な日常（世俗）であったのかもしれない。

霞立つ永き春日を子供らと手毬つきつつこの日暮らしつ

手毬、摘み草、草相撲、桜見、かくれんぼなど、児童との遊びは、和歌にも漢詩にもまた逸話の類いにもたくさん登場する。児童との時間を何よりも大切にした証しである。なぜこれほどまでに児童との世界に同化し没入できたのか。その背景は単純ではなかろう。たとえば右に挙げた短歌を見ても、結句「この日暮らしつ」の「つ」には、複雑な意思の反映を読みとることができる。「暮らしぬ」ではなく「暮らしつ」であることは小さな修辞上のことのようであるが、案外重要なことなのかもしれない。

「ぬ」と「つ」の違いについてある国語学者は、「外部的な力によって行われた事態には

〈ぬ〉を、事態の発生に当事者の意思が関わり、その責任も問われる場合には〈つ〉を」と論じている。つまり、今日一日はしぜんに終わりました、というのではなく、今日一日をある意思をもって成し遂げました、というのが右に挙げた歌の本意ということになる。しかし、その本意の背景は捨象されている。その本意の背景は読者の想像力によって補完するしかないのである。

さて、児童と良寛の関係を振り返ると、遭遇から接近へ、そして遊戯交歓への流れはとても不思議な感じがする。何か特別な力が働いているようでさえある。いったい児童と触れあうようになったのはいつ頃なのだろうか。児童の登場する作品の制作時期などから推測して、たぶん、諸所をさまよった後、五合庵に落ち着くようになった頃からのようである。この五合庵期から乙子神社仮寓へ移る頃、この時期に最も多く児童の登場する作品が生まれている。良寛の年齢はおおよそ四十代後半から五十代後半。人生五十年の時代であったから、すでに老年期に達している。

そもそも児童と良寛の遭遇は、どのように発生したのであろうか。手毬良寛という既成の人物像をいったん捨象してみる必要があるだろう。最初の遭遇時を想像してみるとき、やはり不思議な感じがしてならない。その不思議な遭遇の仕方を想像してみることは、その後の良寛と児童の関係を見てゆく場合の基底になるような気がする。

村里に出没するその男、否、その老人といったほうがよいだろう。先に引用した漢詩には、

「頭髪蓬蓬、耳卓朔、納衣半ば破れて雲烟のごとし。」とあるから、文字通りイメージすればかなりみすぼらしい老人である。そのような老人が山のほうからやって来て、村里をあちらへとぼとぼ、こちらへとぼとぼ乞食《こつじき》をして歩きまわっているのである。児童の眼にその姿はどのように映っただろうか。快・不快の生物的本能が働くとすれば、快ではなく不快の本能がまず働きそうな気がする。近づくどころではない。

そういう忌避されるような老人が、どういうわけか「児童相擁す西また東に。」という親密な関係になってゆくのであるから不思議である。近世江戸期の村落共同体における場面ではあるが、児童の眼に老齢の乞食坊主の存在は、その遭遇の最初の段階においては、まず奇異なものに映ったことは間違いない。

しかし、この奇異なるものを見る児童の眼に、何かそれだけではないようなものがあったのではなかろうか。そのように私は想像する。児童の眼はやがて大人の眼に転移する。否、児童の眼に見えたものは、もともとその村落共同体のなかに生成し、暮らしの基層に根ざしてきたものなのかもしれない。児童も大人もみな共有してきたもの。そういう見えないものを見る眼が、まず児童の眼に現れたように思う。宗教学者で民俗学にも造詣の深い山折哲雄のことばを借りる。

死んだあとはその霊魂が山にのぼると信じてきました。山にのぼった死者の霊魂はやがて時をへて浄められ、先祖の霊になると信じられるようになりました。そしてその先祖の霊がさらに歳月をへて「カミ」になると想像されたのです。（中略）山にのぼってカミになった霊魂が、こんどは一年のうち特定の日時に里におりてきて、村人を祝福するということでした。（中略）私は古代の日本人が、「カミ」を具体的に表現しようとするとき、まず「老人」の姿を思い描いたのではないかと思っているのです。理由は、いまのべてきた、古くからの日本人の信仰にあったのではないでしょうか。（『日本人の宗教感覚』）

国上山から降りてくる一人の乞食僧は、児童の眼に「カミ」のように見えたのではなかろうか。身に纏う納衣《のうえ》がいかに貧相であろうと、むしろ貧相であればあるほど、その一人の老人が「カミ」のように見えたのではなかろうか。山折哲雄は同書で「翁舞」にも触れている。児童と良寛の遊戯を私は「翁舞」に喩えてみたくなるのである。

3　遁走譚

出雲崎は良寛の生まれた所である。この場所に私は、晩年の草庵、五合庵とは異なる感慨を抱いてきた。

出雲崎と五合庵には対照的なものがある。青年期と老年期の対照は、そのまま出奔と帰還に置き換えることもできる。すなわち、出雲崎は出奔の地、五合庵は帰還の地というふうにして、象徴的に対照させることができる。

だが、対照的とはいえ、象徴的なこの二つのトポスは、対照的でありつつ、表裏一体の関係を潜在させている。対照的なものは、根の深いところで絡み合うように繋がっている。

出雲崎、出雲の国に因むこの地に良寛が生まれたのは一七五八年（宝暦八年）である。幼名を栄蔵と呼ばれたそうである。生家の姓は山本、屋号は橘屋。家の歴史は、遠く奈良時代の橘諸兄にまで遡ると言われるが、史実かどうか定かではない。

名家に生まれた栄蔵は儒学を修め、成人（元服）して文孝と名告《なの》る。文孝は長子であった。長子に生まれた者の常として家督を継ぐべく教育され成長する。

山本家の家業は、出雲崎町の名主職であった。この家督を継ぐための直前の教育として、文孝青年は十八歳の時、名主見習い役となっている。順調にゆけば家督相続をして、名主山本文孝が誕生するはずであった。

ところが、見習い役になって二ヶ月もしないうちに、突如遁走してしまうのである。遁走の先は隣町尼瀬の光照寺であった。この寺の住職のもと、ただちに剃髪したと言われてきたが、郷土史家の最近の研究によれば、剃髪も出家も遁走の四年後であったとするのが正しいようである。遁走即出奔ではなく、出奔は遁走の四年後であった。

遁走の理由は定かではない。後年良寛は、出奔時を回想する漢詩を何篇も遺しているが、遁走から出奔に至る経緯については一切触れていない。遁走の事情は、出奔の回想のなかに秘匿され、遁走の事情は謎のままである。

出雲崎の家並み（1970 年代）

遁走の事実は謎のままであるが、郷土史家による幾つかの仮説が提示されている。その一つに、「仲裁失敗説」がある。今のところこの説が一番有力のようである。

名主という役職は、村落共同体の代表としての役目を負っているが、けっして名誉職などではなく、じつに実務的な役職であった。租税徴収を確保するために、百姓（農民・漁民）と代官所の間にあって苦労の絶えないのが実状のようだ。

江戸時代後期は、全国あちらこちらで一揆が発生し、その責任は当然、名主にのしかかってくる。出雲崎でも、代官と漁民との間に争いがたびたび生じ、名主が奔走して事態の収拾に当たっていたことが史録に遺されている。若き名主見習い役文孝は、この仲裁に失態をさらし、職務を放棄して遁走したのではないか、というのが「仲裁失敗説」である。

また、「処刑立ち合い説」がある。名主は代官と共に処刑に立ち合うことになっていた。凶作が続くなか、一揆、打ち毀しの頭《かしら》（指導者）の処刑が行われた。頭は百姓である。凶作のため、喰うや喰わずの生活に苦しむ農民を、無残にも見殺しにしなければならない。名主には農民を管理する側面と同時に、農民を代表する側面もあった。ゆえに、農民の処刑に立ち合う文孝が、精神に異常を来《きた》したとしても不思議ではない。立ち合いのたびに失態をさらし、ついに職務を放棄して遁走したのではないか。

さらにもう一つの「離婚説」。家督を相続するに当たって親の決めた相手と結婚したものの、夫婦の関係に不和が生じ、離婚するために遁走したという説。文孝十八歳、家のためにやむなく結婚したが、好きな女性がいて忘れられなかったというのも、頷ける話ではある。親も親類縁者も離婚を思い留めさせようとして懸命に説得したが、結局説得に応じず離婚。三行半をしたためて出奔を覚悟した、というのが「離婚説」である。

以上三つの仮説が遁走の主な理由として提示されてきたが、仮説の域を出ないまま今日を迎えている。今後、新たな史料が発見されるようなことがあれば、仮説の域を脱する可能性もあるだろう。また三つの仮説以外に、新事実の発見ということもあるかもしれない。

これまでの良寛研究の成果として提示された三つの仮説について、良寛研究家でも郷土史家でもない私が、僭越ながらあえて私見を述べるとすれば、以下のとおりである。

「仲裁失敗説」、「処刑立ち合い説」、「離婚説」のうち、どれか一つが遁走の直接的な理由というわけではなく、これら三つの理由は、あくまでも象徴的に浮上した理由らしき出来事と見るべきではないか。どれか一つが遁走の引き金にはなったかもしれない。だが、文孝青年の精神的内部の情況を考えたとき、負の連鎖、負の積算というようなことが、いよいよ彼を崖っぷちにまで追いつめたのではなかったか。

もはや飛び降りるに如《し》かず、と思いあまることがないわけではない。そういう内的局面は少なからず誰にでもあること。飛び降りて楽になってしまいたいという自死念慮の魔の声に、はっとして身を翻せば、すでにその身は大地を蹴り出している。遁走に如かず。

そもそも、学問・芸術にのみ時を忘れて親しむ日々を過ごしてきた者が、短期のうちに名主のような難しい仕事を身につけるのは至難のこと。数年かけて名主の実務を学んでゆかなければならなかったのだが、山本家は、それを「家」として見事に失敗したと言えるだろう。

「家」とは「家父長制」のことであり、その実体を帯する者が当主、山本以南であった。以南は文孝の父である。父から子への家督相続の失敗が遁走事件に繋がった、とみるべきではなかろうか。父、山本以南、この「家父長」は文孝にも増して学問・芸術に勤しむ風流人で、俳諧においては「北越蕉風中興の祖」とも言われたほどの人物であった。家業を疎かにして、あちらこちらの俳諧の座に赴いたようである。

以南が名主を引き継いだのは二十八歳のとき、それから約十年後、早々と家督相続をしようと考え、その適齢期を迎えた長子の文孝を名主見習い役にしたのであったが、世間知らずの文孝にとって名主の実務は過重な負担となって、ついに適応障害を来したのではなかろうか。

以上が私見である。私見の根拠は端的に言って、名主という役職の難しさである。百姓と代官所の間を上手く仲介するのが名主の役割であり、その仲介は微妙なバランスを必要とした。百姓の側に寄りすぎても、代官所の側に寄りすぎてもならない難しい役目が課せられていたのである。

江戸幕府の施策は基本、上意下達の封建体制であった。幕府の管轄下に置かれた各藩の諸大名は、与えられた所領を藩の責任において治める義務を負っていた。天領以外の領地については、各藩の諸大名に、直接支配の権限が与えられていた。

だが、諸大名の支配がただひたすら上意下達であったかといえば、各藩の施策は、あんがい柔軟に対応していたのが実状である。村落共同体に対して、ある程度の自治を付与する民政、すなわち「惣代機能」が取り入れられていたのである。名主、組頭、百姓代など村方三役はそうした民政のために置かれたものであった。

この「惣代機能」が有効に働くか否か、そこが村方三役にとっても百姓にとっても、極めて重要な課題であった。もともと、百姓を代表して、豪農、富農が村方三役になっているので、百姓寄りになるのが村方三役の立場であったが、「惣代機能」と呼ばれる民主的な制度も次第に形骸化し、上意下達の締め付けが、村方三役に対して代官所から降りてくれば、どうしても代官所寄りになってしまうのであった。民主主義の難しさである。

「生かさず殺さず」百姓を管理監督する締め付けは、まず名主に降りてくる。名主は、被支配階級の代表に位置しながら、支配階級の末端に位置するという、歓迎されざるコウモリ的性格を余儀なくされていたのであった。私見は、このコウモリ的性格を帯びた名主という職責の難しさ、醜悪さを根拠としている。

加えて言えば、文孝、後の良寛が、この醜悪な精神的役務に堪えることができず、適応障害を来して遁走したのは、おそらく、生来の素質に因るものだったのではなかろうか、という見方である。百姓の窮状を目の当たりにして、見て見ぬふりをして役務に勤しむ冷徹さを、彼の素質が受け入れられようはずもなく、遁走は、来るべくして来た、ともいえよう。

村肝の心をやらむ方もなしいづこの里も水の騒ぎに
遠ち方ゆしきりに貝のを《ママ》とすなり今宵の雨に堰《せき》崩《く》えなむか
天の川川瀬の堰や切れぬらし今年の年は降り暮らしつつ
手もたゆく植うる山田の乙女子が歌のこへ《ママ》さへやや哀れなり
ひさかたの雲吹き払へ天つ風うき世の民の心知りせば

帰還後に詠んだ作品ではあるが、ここに良寛の素質をみることができよう。水害に苦しむ百姓の姿を詠むにあたり、百姓の思いを代弁する意識が強く働いているように感じられる。傍観者ではいられないという思い、あるいは傍観者としての苦渋と羞恥。そうした思いが止揚され、当事者と非当事者を架橋する祈りのような言葉が、彼の内部に生まれたのではなかろうか。

水害に悩まされる年もあれば、旱魃の年もある。気象に左右される百姓の労働を見る彼の眼は確かである。見るべきものをしっかりと見て、心に刻む。右に挙げた水害の歌のなかに詠まれた「山田の乙女子」の姿、そして次に挙げる「山田の小父」の姿、いずれも、現場直視のリアリズムに優れている。そして何よりもその眼差しが温かい。

我さへも心にもなし小山田の山田の苗のしほるる見れば

あしびきの山田の小父《をじ》がひめもすにい行きかひらへ水運ぶ見ゆ

彼の素質は素朴な膚感覚である。素直に心身が反応する。その素質はやがて、他者の置かれた情況に膚接する温かな感覚となり、悠々たる知性となってゆくのであった。

こうした彼の素質は、コウモリ的性格を帯びた名主の職務にはとうてい向いているはずもなく、遁走はやむをえぬ行動であったと思わざるをえない。「何を守るよりも自分の心を守れ。そこに命の源がある。」と旧約聖書の箴言は語っている。みずからの素質は「命の源」にほかならない、と言えるだろう。

先年、久しぶりに出雲崎を訪れた。虎岸が丘の良寛記念館から、良寛の生家跡を見下ろすことができる。こぢんまりと良寛堂が建っている。海沿いに開けた切妻屋根の町並みを北陸道が貫いている。遠望すれば、日本海の彼方にうっすらと佐渡島が浮かんでいる。静かで穏やかな光景だ。

見下ろせば眼下には束風《たばかぜ》避けの
細長い妻入屋根が寄りそっている
しろがねの三国峠を瞽女が越え
こがねいろに肌をむきだした佐渡島を

真赤な大夕焼けがおおう
たしかに乾坤のさかいに民は泣き
ときに同胞の肉さえ口にした（そりゃあカニバリズムに違いはない）
そんな光景をまえに大良寛はあいもかわらず
　笑ってばかりいたのだろうか

これは、田村雅之詩集『鬼の耳』に所収の「出雲崎幻想」という詩の一節である。全七連五十七行の詩篇より、第五連目を抄出した。

私はこの詩を愛唱する。そして、出雲崎を幻想する。幻想するためにこの詩を詠唱すると言うべきか。

詠唱しながら、この静かな町、出雲崎を出てゆく青年、山本文孝の後ろ姿が思い浮かぶ。父を捨て母を捨て、この美しい町を捨てて出て行く、もの悲しい後ろ姿が思い浮かぶのだ。

だが、同時に、よかったよかった、という声がどこからか聴こえてくる気がするのである。

遁走は消極性の極みであるかもしれないが、その消極性によってのみ自分の「命の源」を生かす道がないとすれば、遁走を否定することのほうが、むしろ消極的で不誠実であるのかもしれない。

青年よ、遁走すべきときには遁走すべし。そして帰って来い。

4 「家出」考

逸話の多い人物は、偉人かさもなくば希代の悪人である。偉人は偉人なりに、悪人は悪人なりに、それ相応のエピソードに事欠かないものだ。しかし、逸話の面白いところは、必ずしもそれ相応のエピソードばかりではないという点である。偉人にもかかわらず、悪人にもかかわらず、意外なエピソードは必ずある。

とりわけ幼少年期の逸話には思いもかけぬようなものもある。偉人にして凡愚のごとき、悪人にして聖人のごとき、予想を裏切る幼少年期の逸話ほど愉快なものはない。予定調和のない逸話は、すぐれた小説のような面白さを含みもっている。この偉人にしてこの逸話あり、というような美化された予定調和の逸話ほどつまらないものはない。できの悪い小説を読まされた後味の悪さである。そういう逸話もどきはたぶん為《ため》にする後づけであって、口伝伝承としてのほんらいの逸話とは異なる。

その村その町その地方で自然発生的に言い伝えられてきたエピソードがほんらいの逸話である。誰かの意図によって喧伝されたものは逸話ではない。それは偶像化を目的とした質《たち》の悪い伝記である。どこのだれだか知らないけれどみんなだれもが知っている言い伝え、民衆によって伝承された小話、それが逸話である。

少年栄蔵の逸話がいろいろ遺されている。①読書少年の話（石灯籠の灯りで読書）、②昼行灯と呼ばれた話、③「曲《まがり》」と綽名《あだな》された話、④鰈《かれい》の話、などがよく知られている。後年のいわゆる乞食僧良寛にまつわるものに比べると、少年時の逸話は意外に少ない。また、①の読書三昧も②③の性格的なことも特異なエピソードとは言いがたい。この中で言えば④が逸話らしい逸話である。鰈の話、それはつぎのような逸話である。

少年の頃、叱られると上目で人の顔をじっと見る癖があった。ある朝、遅く起きてきた栄蔵は父に強く叱られてしまった。そのとき思わず上目づかいで父を睨みかえしてしまった。父は、「親を睨む者は鰈になってしまうぞ」と言った。栄蔵は家を飛び出して行った。日が暮れても帰らないので家族は心配した。家人や使用人が心当たりを探し回ったが見つからない。もしかしたら海辺のほうではあるまいかと母親が行って見ると、栄蔵は海辺の岩の上にしょんぼりと海を見つめていた。

ほっと安心した母親がじっと海を見つめている栄蔵に「こんな所で何をしているのだ

ね」と声をかけると、栄蔵は「おれはまだ鰈になっていないかえ」と答えた。
（『良寛禅師奇話』等を参照して筆者が再構成した。）

おおよそこのような内容である。この話の事実関係を問うことは無意味である。逸話の価値は事実にあるのではなく信用度にある。長らくそのように信じられてきたことに対して意義を見いだすべきであって、逸話は歴史ではなくあくまでも伝承である。しかし、コロキアルな土地ことばによって生き続けてきた話にも、必ず何らかの背景があるはずだ。風土的な背景、あるいは時代的な背景、つまり、蕩蕩と共有されてきたものが何であったのか、そのことを考慮する意味は小さくないはずだ。

たとえばこの逸話に登場する「親を睨む者は鰈になってしまうぞ」ということば、このことばは、親に反抗したり親を粗末にしたりしてはいけないという戒めのことわざである。室町期の狂言から出てきたことばのようであるが、江戸期には慣用化され広く使われるようになった訓戒のことわざである。たぶん、仁義忠孝を徳目とする儒学の影響もあって慣用化したのかもしれない。

このことわざによって顕在化した問題が、この逸話の背景にあることは明らかだ。それは父と子の親子関係である。父・山本以南は家督を継ぐべき子・栄蔵をなんとか一人前の大人に成長させなければならない立場である。厳しく育てるのは世の常。親の期待は叱責となる。寝坊助の息子を叱責するのは当然のこと。

親の叱責は絶対である。にもかかわらず親を睨み返したとなれば事態は深刻である。逸話は「叱られると上目で人の顔をじっと見る癖があった。」と、単なる癖のように軽く扱おうとしているが、「飛び出して行った。」という場面を考えると、叱責とそれに対する反応が不穏であることは否めない。こうした親子の衝突はよくあることにはちがいないが、一過性の場合が多く、ある時期を過ぎれば父子の関係は、むしろ安定したものにさえなってゆく。

しかし、その後の栄蔵、つまり出奔した文孝をみたとき、この鰈の話が伏線のように思えてしまうのは私だけだろうか。どうも一過性のようには思えないのである。この鰈の叱責が後々まで尾を引いたのではないか、火種を残したのではないかと思量するのである。

逸話の最後の場面、「おれはまだ鰈になっていないかえ」ということばは、そういう未完の連続性を暗示しているのではなかろうか。子ども向けの良寛逸話集などではこの場面を、物事を素直に受け止める純真さと、簡明に説明しているが、その純真さは不安を抱えた純真さであって、少年前期の栄蔵の純真さは、生得のものというよりもむしろ、予言的不安の表明とみるべきではなかろうか。

少年前期から少年後期にかけての未完の連続性、すなわち反抗から出奔への過程は良寛像の原型であると私は考えている。「おれはまだ鰈になっていないかえ」という不安は、栄蔵から文孝へ、そして良寛への導線になっているのではなかろうか。もちろん、結果から原因をみるのは合理的理解であるとはいえ、歴史であれ一個の人間の個人史であれ、因果律だけで理解するには無理があるのは自明のこと。方法的理解がすべてでないことは言うまでもない。栄蔵の場合も、複雑な要因によって父親に反抗し、潜在化した抵抗意識がやがて沸点をむかえたのであろう。沸点が出奔につながることは稀ではない。些細なきっかけがあれば少年には誰でも出奔する可能性がある。

少年捨父走他国
辛苦画虎猫不成
有人若問箇中意
只是従来栄蔵生

少年父を捨てて他国に走り、
辛苦して虎を画くも猫に成らず。
人有りて若《も》し箇中の意を問はば、
只《ただ》是れ従来の栄蔵生なり。

六十歳前後に制作された七言絶句の作品である。乙子神社に仮寓したころは、心身ともに老いを感じ始めたせいか来し方を回想する作品が多くなっている。帰国直後の回想とは異なり、少年栄蔵から老年良寛までのロングスパンの精神史的な回想にその特徴をみることができる。たった四行の短い形式のなかに、個人的精神史が凝縮されている。絶句の形式を十二分に生かした絶唱と言っても過言ではなかろう。蛇足ながら意訳を試みる。

小川千甕作「月下読書の図」

少年のころ父を捨て家を捨て、他国に遁走し、
禅の修行に辛苦精進したが、仏法を会得することが
できなかった。
もしもだれかが、この私の現在の心境を問うような
ことがあれば、
「私はただ私である。少年時の栄蔵である。」とだけ
答えておこう。

この詩を書いたころ良寛はすでに、僧としても文人としてもまた書家としても、世評を高めていた。家督、すなわち名主の相続者としては完全に失格者であったが、僧・文・書において特異な才能の持ち主であることは、だれもが認めるところであった。世人はみなこの異能の人物に敬愛の念を抱くようになっていた。「敬して遠ざける」人物ではなく「敬して近づける」人物として良寛を歓迎したのである。

しかし、いくら歓迎されたところで良寛の心の中には未解決の問題があった。「辛苦して虎を画くも猫に成らず」という仏道修行にかかわることもその一つではあるが、彼にとっての最大のアポリア（難題）は、「少年父を捨てて他国に走り」にかかわることであったのではなかろうか。「辛苦して虎を画くも猫に成らず」は隠れ蓑であって、彼の心の奥深いところ（「箇中の意」）には少年栄蔵が昏くうずくまっていたのではなかろうか。右の漢詩の結句「只《ただ》是れ従来の栄蔵生なり」は、結句としてはいささか唐突である。「オレは栄蔵だ」と、突如、叫びをあげているようにさえ思われる。

「栄蔵」とはだれか、というところに立ち戻る良寛がいる。一挙に、そして否応なく「少年父を捨てて他国に走り」という、あの沸点に立ち戻る良寛像。そこは快原理の彼岸であるがゆえに、良寛の原点であったのではないかと私は考える。数多くの良寛詩の中に「栄蔵」が出てくるのはここ一箇所だけである。氷山の一角のように、ここ一箇所の「栄蔵」とはいったい何者か。

「少年捨父走他国」を「少年のころ父を捨て家を捨て、他国に遁走し」と私は現代語に意訳してみたが、訳しながら感じたことは、「捨父」ということばの激烈さであった。「捨家」ではなく「捨父」を選んだ裂帛《れっぱく》の激烈さであった。私は「父」に「家」を加えて意訳を試みたが、「栄蔵」の激烈な心情を削いでいないか今も戸惑いがある。そしてそれを補う意味から「走他国」の「走」を「遁走」と訳してみたのであるが、適切や否や。

ともあれ、措辞の選択にこだわるのは、「捨父」の激烈さ、その重度を推し量るからである。父親に叱られて家を飛び出すような刹那的な行動はまったく重度ではない。「鰈の叱責」

の繰り返しにすぎず、「捨父」の激烈さとは等値しない。また、父親と対立して家を飛び出し、そのまま出家したというような短絡的な脱世入信とも考えにくい。さらにまた、家産の傾きつつあった父の窮状を非人情に見捨てたとも思えない。「捨父」が良寛にとって決定的だったのは、あるいは必然的だったのは、もっと別の要因があったのではなかろうか。したがって私は、「捨父」の激烈さを考えたとき、良寛像の一典型をなす次のようなとらえ方には違和感を覚えざるをえない。


父は諄諄《じゅんじゅん》と説くような言葉遣いをする。父も出家をしたいのだと栄蔵は思う。父の言葉が終わるのを待ちきれないとでもいうようにして、母が言った。

「栄蔵よ、くれぐれも無理をしないように、身体に気をつけなさい」

畳に這いつくばっていた栄蔵は、なお頭をさげた。

「世人は僧となって禅に参じるのだが、お前は禅に参じてしかる後に僧となるのだ。いつまでも栄蔵ではいかん。名を考えねばならんな」

師匠の声を聞き、栄蔵はあわてて顔を上げ、叫ぶようにいった。

「ずっと前から名は考えてあります」

「ほう、どんな名だ」

万秀が栄蔵の顔をのぞき込むようにしていった。栄蔵は万秀の気迫を押し返す気力を込めていう。

「大愚《たいぐ》良寛」

日を置かず、良寛が出家をする授戒会《じゅかいえ》が執り行われた。その日は光照寺のものはいうにおよばず、良寛の両親も、由之をはじめ弟や妹たち、それに親類縁者の主だったものが集まり、法堂は人でいっぱいになった。一番驚いたのは当の良寛であったろう。

僧たちはそれぞれ袈裟を着け、正装して居ならんだ。

（立松和平著『良寛』（学研M文庫版）より）


立松和平著『良寛』は、仏教専門誌『大法輪』に二〇〇七年より二〇一〇年までの約三年間、「小説　良寛」として連載された作品が初出である。その「小説　良寛」は完結直前に著者が病に倒れてしまうという不幸に見舞われたが、大法輪閣より単行本となり、その後、学研によって上下二巻本として文庫化されている。その文庫『良寛』から右の文章は抄出した。内容は小説化された良寛の伝記物と言っていいだろう。かなり自由に小説家らしい想像力によって書かれた良寛像である。右に引用した箇所は第一章に描かれた出家にかかわる場面である。この「小説　良寛」がフィクションとして書かれたものであることはよく理解できるし、道元禅と良寛への立松和平の傾倒ぶりには敬服する。良寛を描いた伝記的小説としては比類なき力作である。

先の漢詩に関連する箇所として抄出したが、この箇所に限っていえば、栄蔵の出奔がそのまま出家につながってゆく基本的な筋立てには、栄蔵の内的葛藤が抜け落ちてしまっており、物足りなさを感じざるをえない。出奔から出家にいたる過程をどのようにとらえるか、その複雑な心的情況に対して想像力が乏しく、初めに出家ありきの単純な物語になってしまっている。栄蔵みずから「大愚良寛」と名告《なの》る場面や、授戒会に親類縁者一同が参列する場面も、フィクションとはいえ、出来すぎの感を抱かざるをえないし、良寛研究の歴史家たちの見解と大きく異なる点も気になるところである。先述した良寛詩と比較すれば、出家の動機や背景そのものが、何か根本的に違っているようにさえ思われる。

閑話休題、良寛詩「捨父」の激烈さについてもう一度考えてみたい。栄蔵に「捨父」と言わせた背景には何があったのか。栄蔵にとって「父」はどのような存在であったのか。出家について考える前に考えておかなければならないこと。つまり、「捨父」に込められた少年栄蔵の、内部の人間の闇のような部分を考えてみたいと思う。端的に言えば「家出」の動機ということになるだろうが、これまで論じられてきた「家出」説とは別の視点、別の見方から栄蔵の「家出」の動機に迫ってみたいと思う。

とはいえ私の見解は、良寛研究の歴史家の著作に、少なからず学んだ上での視点であり発想であることは、告げておかなければなるまい。数ある著作の中で、私がもっとも信頼をおき影響を受けたのは、田中圭一著『良寛の実像』（刀水書房）である。この著作の第三章「栄蔵の出奔」は、史料に基づく「家出」（出奔）の検証である。栄蔵の名を文孝と改め、その文孝が橘屋の名主見習いとなったころ、出雲崎の廻船問屋として台頭を極めた町年寄敦賀屋に残された「敦賀屋文書」を主な史料としたものである。ここにその検証内容を紹介したいところであるが、紙数の都合もあり、田中圭一の基本的な見解の部分だけを引用し、史料による出奔の経緯については、別のところで紹介することとする。佐渡出身で江戸期の藩政や郷土史に詳しい彼は、次のように述べている。

新しい目で史料を探せば、それはそれなりにかなりの史料が用意されているのである。結論だけをさきに述べておけば、一般に言われるように良寛は生まれつき世捨て人になる素願をもっていたのでもなければ、意志を表に出すことのできないようなおとなしい人間でもなかった。それどころか父にさからい、世に刃向かって家を飛び出したのである。本陣宿の橘屋新左衛門の家の長男が自らその地位を捨てたのだから愚か者としか言いようがない。そのことを痛切に感じていたのは良寛自身であった。

（『良寛の実像』より）

この田中の見解を私はすぐれた知見だと思っているが、「この偉人にしてこの逸話あり」というような偶像化に支配された見解が、いまだに良寛像の主流をなしているのは残念なことである。冒頭にあげた鰈の逸話、そして、「少年捨父走他国」を初句とする漢詩、さらには次の短歌などからも、田中圭一の見解こそ、栄蔵出奔の動機や背景の実体ではないかと私は確信する。

奥山の草木のむたに朽ちぬとも捨てしこの身をまたや朽たさむ

五合庵期の制作とみられる作品である。「奥山」は五合庵を抱く国上山を指しながらも、隠れ住むような「奥山」が暗喩されているのではなかろうか。三句目までを通釈すれば、「この奥深い山に暮らすうちに、ここに生い茂る草や木なかに、たとえ埋もれて朽ち果ててしまったとしても」となるであろう。問題は四句目の「捨てしこの身」をどう解釈して現代語訳するかである。目にする限りのほとんどの現代語訳は「出家したこの身」となっているが、私は「出家」は「捨てし身」のすべてではないように捉えている。したがって四、五句を私流に通釈すれば、「父や母を裏切るように出奔し、家を捨て出家したこの私が、どうしてまたおのれじしんを朽ちさせてしまうようなことができるであろうか」ということになる。

悔恨の思いがモティーフになって詠まれたものと私は解釈する。懺悔に近い悔恨として解釈するのである。この一首のなかでもっとも重いことばは何かと問われれば、迷わず私は「またや朽たさむ」の結句を挙げる。語法どおりに直訳すれば、「どうしてまた朽ちさせるようなことがあろうか、いや、二度と朽ちさせるようなことはさせない」となる。「またや」の「や」

が反語であり、それを受けた「朽たさむ」は、他動詞「朽たす」に意志の助動詞「む」から成っていることからも、この一首のモティーフが、みずからの過去に落としまえをつけんばかりの深い悔恨の情であり、さらには悔い改めの覚悟も詠嘆されているると解釈できるのではなかろうか。

どうしてこのような悔恨が生じたかと言えば、「出家」したからではない。「家出」をしたからである。家を捨てたからである。良寛の詩歌に「出家の身」、すなわち禅僧の身を自省する作品が多くみられるが、その自省のさらに深層には必ず「家出」がある。右に挙げた短歌を繰り返し読めば、「捨てしこの身」の「この身」は禅僧良寛ではあるが、同時に少年栄蔵でもあることが理解されよう。家を捨てた栄蔵が、禅僧良寛の背後にいるのである。「出家」を自省するその深層には「家出」の悔恨が、懺悔が隠されているのである。

さて、いよいよ出奔の動機について私見を述べなければなるまい。私の見解は、逸話と漢詩と短歌と、そして田中圭一の史料研究を綜合して発想したものである。『良寛の実像』よりことばを借りるならば、「父にさからい、世に刃向かって家を飛び出した」ということになるが、家を捨てた栄蔵が、父を捨てた栄蔵であるというところに私は主眼を置く。悔恨はひとえに父を捨てたことにある、と思量する。先に掲げた漢詩の「捨父」である。「捨父」の激烈さをトラウマとして悔恨を抱くのである。

父を捨てた激烈さとは何か。それは、「父権」からの脱出であると私は考える。沸点に達した脱出のエネルギーによって「家出」をする。「父権」に囲い込まれる自己を解放せんがために「家出」をするのである。期待される男児におとずれるこうした「父権」からの脱出は、囲い込まれる「父権」の圧力によって、そしてその圧力に対する男児の抵抗が強ければ強いほど決定的となる。脱出か否か、死ぬか生きるかという切断を「父権」が迫るのである。

多くの場合、その切断の斧によって、いまだ力弱き男児は脱出のエネルギーを減殺しやがて喪失し、「父権」の支配下に置かれることとなる。彼はすでに「父権」の継承者として雌伏する二世であることを自覚せざるをえない。「父権」によって存立する父と子の協同の関係を是として、共に善き父となり善き子となるのである。「父権」としての父は、子を守り育てるべく、子の成長を支援しつつ干渉するようになってゆく。いわゆるパターナリズムである。

父権主義、温情主義と日本語に訳されるこのパターナリズムは、父子の関係ばかりではなく、さまざまな力関係のなかにもみられるものである。たとえば、教育機関における教師と生徒、医療機関における患者と医師の関係。教師や医師の絶対的な権限によって教育や治療が行われてゆくのである。もっとも、近頃では生徒や患者に権限を与える動きも出てきているようであるし、家庭における「父権」などはもはや崩壊したとさえみられている。それでもやはり総体的にみれば、まだまだパターナリズムが社会構造のさまざまな場を支配していると言えるのではなかろうか。

江戸期におけるパターナリズムである父子の関係が、今日に比べてはるかに絶対的な力関係によるものであったことは、だれもが知っているとおりである。この力関係は、父が健在であるかぎり容易に解除することができない呪縛的パターナリズムである。それゆえ、家制度(家父長制度)のなかに囲い込まれた父子の関係に、いずれ危機がおとずれるのは至極当然の事態と言えよう。

良寛(栄蔵)にこの危機がおとずれたのは、やはり当然の事態であった。結果論のようで好ましい見方とは言えないが、あの鰈の逸話は、来たるべき危機を予告していたのではないか。そしてまたあの「捨父」の激烈をも彼は予定していたのではないか。あえて引き起こした「家出」ではなかったのか。あるいは、もっとも古典的なエディプスコンプレックスとしての「父殺し」であったのだろうか。

いずれにしても、良寛(栄蔵)は「父権」から脱出したのである。「父権」を放棄した彼にとって、もはや父性原理は無縁の代物である。父性原理に支配された家も社会も彼にとっては一文の値打ちもないものだ。「父権」に対抗し、それを乗り越えた結果として「父権」を手にするような囲い込みから、彼はさっさと降りてしまった人間である。降りてしまえばいかなる家父長的な立場も無意味である。この無意味を愚かとみるか賢明とみるか、それはまた他人の価値観であって、「父権」に替わる新たな価値に向かって彼は歩み出し、そうしてとぼとぼと一生歩み続けたのではなかろうか。「生涯身を立つるに懶《ものう》く」という彼の有名な詩句は、それを象徴しているように思われる。

しかし、「父権」など何の未練もへったくれもないものとなっても、良寛（栄蔵）の目の前に、切断の斧をもって立っていたあの男、橘屋山本新左衛門（俳号・以南）という父は、いったい何者であったのか。「父を捨て」なお捨てきれない父がいたことは、彼を苦悩させたにちがいない。もしかしたら父もまた、「父権」など捨ててしまいたかったのかもしれない、と思うとき、悔恨の情がおのずから湧き出てきたのであろう。晩年、良寛は父の発句〈朝霧に一段低し合歓の花〉の脇に、〈みづぐきの跡も涙にかすみけり在りし昔のことを思ひて〉と歌を詠み添えている。これも、悔恨の滲む一首である。

5　杖と望郷

何があって家を棄てたのか、はっきりした原因はわからない。長子が家を棄てるということは、並々ならぬことである。狂人か、あるいは罪人にでもなって社会から追放されるような危機的状態でないかぎり、長子は家督を必ず継がなければならない時代であった。

イエ制度は絶対であった。人を、「士農工商穢多非人」という身分に固定して置くためには、人を、イエに世襲させる必要があった。すでに中古中世よりそうした身分の固定化が進められてきたが、江戸幕府、徳川政権の時代になって、その封建的身分制度は確立した。

安永四年（一七七五年）、橘屋山本家の跡目として山本文孝は名主見習役となった。十八歳であった。世襲の準備である。それはまず、橘屋一族の親族縁戚に披露され承認されることであったが、同時に代官にも承認されなければならないことであった。代官の上には幕藩体制がある。税を納めるお上にはもちろんのこと、税を徴収する領民、すなわち、橘屋の管轄する農民にも、名主見習役の人事は周知されるところであった。したがって、青年文孝が名主見習役になったことは、単なる私事ではなく公的な意味を持つものであった。みずからの公的立場の重さを彼はひしひしと感じたにちがいない。

ところが、その公的立場に立つべきはずの彼は、見習役になったその年の七月、突然出奔をしてしまうのである。公的立場を放棄したのである。橘屋は出雲崎にあった。その隣地区尼瀬に光照寺というこぢんまりとしたお寺があり、そこに駆け込んだのである。夫の暴力に耐えかねて女人《にょにん》が駆け込む、いわゆる駆け込み寺のことはよく聞く話である。駆け込むのは女人だけかというと、西行のように、立派な武士が仏門に駆け込まないこともないが、それはあくまでも異例のことであった。また、老齢に達して仏門に帰依するということはその昔から多いことも事実であった。だが、すでに元服を経たもののまだうら若き良家の男子が、突如近在の寺院に駆け込む事態は、前例なきにあらずとはいえ、やはり異状というほかはない。

何があって家を棄てたのか。人間には、フロイトの言う快原理によって行動する本性があるが、年齢を重ね、心身ともに社会化されるにしたがって、快原理の本性からしだいに離れてゆく傾向がある。快不快の生理的反応が、もはや物事の選択の規準にはなりえない、ということをしぜんに学んでゆく。そうして快不快の代わりに、みずからの経験知によって、世間の利害情況に対応するようになる。利害を分析して意識的な選択をするようになるのが一般的対応である。

利害にはおおよそ、物理的利害と精神的利害の二つの利害情況があるが、情況を分析すると言っても、この二つの情況は複雑にからみあう場合がほとんどである。したがって、とるべき行動は難しい選択を迫られるのが常である。それにしても、文孝の出奔が、快原理によるものなのか、それとも利害情況によるものなのか。そもそもこの点にまず大きな謎がある。良寛研究者によって、出奔の理由は諸説あるが、それについてはいずれ別のところで論じたいと思う。いずれにしても、文孝の身に抜き差しならぬ事態が出来《しゅったい》したことは確かである。

さて、駆け込んで間もなく剃髪をしたようであるが、これをもって出家と言うべきか否か。光照寺は末寺である。農漁村の暮らしのなかにしずかにたたずまう寺である。この小さな寺における文孝の日々はどのようなものであったろうか。隣村から突然転がりこんできた一人の若者を、たぶん、住職はもて余していたにちがいない。修行僧として育成すべきか否か。住職玄乗破了としては大いに悩んだにちがいない。仏道修行は修行仲間がいて成り立つものである。僧侶とはもともと修行を行うための同行者集団をさすことばであった。梵語ではサンガという。仲間もいない小さな寺であれば、おそらく、下男と同じような、いわゆる小僧程度の修行しかできなかっただろう。

また、出奔をしたものの、本気で家を棄てるつもりだったのかどうか。つまり、本気で出家するつもりだったのかどうか。名主の跡取り息子の身を預かる住職にしてみれば、まず家に戻ることを強く勧めたことだろう。しかし、文孝の意思は思いのほか強かったようだ。僧侶になるという強い意思というよりも、頑としてここを動かないというような強情を秘めていたのではなかろうか。寛容な住職のもとでたちまち一年が経ち、二年三年と月日を重ねていくのであった。先々の不安はあったものの、光照寺は、居心地のよいアジールのような所であったのかもしれない。

そして安永八年（一七七九年）、備中玉島円通寺の僧国仙が越後地方を行脚の途次、光照寺に立ち寄った。円通寺と光照寺とは曹洞宗の本寺と末寺の関係である。玄乗破了が修行した本寺から、高名な国仙がたまたまやってきたのである。これはまったくの偶然だったのか。まるで渡りに船のような偶然ではないか。家業から遁走した男、公的立場を放棄した男、そういうドロップアウトの不甲斐ない男が、その後、良寛という特異な僧侶になる決定的な契機は、この国仙との出合いにあったことは明らかである。国仙との出合いがなければ、良寛は誕生しなかったかもしれない。青年文孝は国仙に得度を受け、一路、円通寺へおもむくのであった。

その後約十年、円通寺にて曹洞禅の修行を続け、寛政二年（一七九〇年）冬、修行の終了証とも言うべき印可の偈《げ》を国仙より与えられる。僧侶良寛の誕生である。すでに三十三歳になっている。出奔から十五年を経て、ようやくひとりまえの僧侶となったである。どのような感慨を抱いたことか。偈の形式は七言絶句、次のような内容である。

良也如愚道轉寛　　良や愚のごとく道うたた寛《ひろ》し。

騰々任運得誰看
爲附山形爛藤杖
到處壁閒午睡閑

騰々任運にして誰か看るを得む。
ために附す山形爛藤《さんぎやうらんとう》の杖を。
到るところ壁間ありて午睡閑《しづ》かなり。

漢詩にも仏典にも知識の乏しい私だが、意訳を試みる。
「良寛よ、おまえは愚鈍のように見えるが、おまえが仏の道に志す思いには、とても広くてゆったりしたものがある。（起）
おまえは仏道に従い、こころの趣くままにいつも天真爛漫であるが、そういうおまえの個性を、いったい誰がよく理解してくれるだろうか。（承）
おまえが、これからその個性によって生きてゆくために、わたしは、山からそのまま切り出してきた藤の木の杖をあげたいと思う。これによって托鉢行脚の日々をおまえらしく過ごすがよい。（転）
これからおまえが生きてゆく道の先々には、いつも仏性を見る壁面があり、また、夢見る午睡のときがあり、豊かにおまえを見守ってくれることだろう。（結）」
国仙はこの偈を授けた翌年に遷化《せんげ》する。良寛に授けたこの偈は、一僧侶の出立を祝し激励するものであるが、国仙じしんにとってもこの偈は、仏の教え、道元の教えに応えるべき最後のことば、すなわち遺言のような思いもこめられていたのではなかろうか。結句「到處壁閒午睡閑」には、仏者の理想的な境地が描かれているように感じられる。師弟の関係を超え、同じ仏者として等しく法悦に浴するかのようである。禅僧がその臨終にあたって言いのこす、あたかも遺偈《ゆいげ》のようである。

また、この偈が単なる形式的なものではないことが、特に起承の句には明らかである。国仙は多くの弟子を育てた高僧と伝えられているが、おそらく一人一人の弟子に対して、心のこもった偈を授与したのであろう。良寛に与えたこの偈も、とても優しい思いにあふれている。何よりもそれは、良寛という人物の本質をよく捉えている点にある。「良也如愚道轉寛」というたった七文字によって、良寛の内面までをよく見抜いている。弟子をひとりの人格者として大切にする姿勢は、高僧の名にふさわしいものであった。

偈は一つの形式に過ぎぬものかもしれないが、その形式は、ことばを生かすための形式として機能する。国仙の偈は一語一語に温もりがあり、香りさえ感じられまいか。「良也如愚道轉寛」も「騰々任運」も、通り一遍の修辞的言辞ではなく、良寛の個性を直視した者の誠実な写実である。ことばに、詩があり真がある。

しかも、良寛のそうした個性が、仏門の世界においても、世俗においても、統合されがたい資質であることを鋭く見透しているように思われる。「得誰看」がそのことばである。この洞察もまた誠実な写実によって発せられたことばであるが、そこに、先行きを案ずる保護者的心情も含まれているようだ。あるいは、こうした個性を疎外する社会への批評意識の現れであるのかもしれない。さらにはまた、畏るべき予言的なことばであったのかもしれない。

予言的と言えば、転句「爲附山形爛藤杖」に示された「杖」を、私は托鉢行脚の「錫杖」として捉えたが、檀徒社会を形成する寺院への帰属とは無縁に、托鉢にその後半生をすごした良寛のその姿を考えたとき、国仙の授けた「杖」がすでにそういう生き方を予言していたのではないかとさえ思われてくる。もしこの転句が、印可の偈を授ける場合の定型句であったとしても、予言的であったことは認められるべきであろうか。

国仙和尚の墓・碑文拓本

国仙の死後、良寛は円通寺を出て四国を遍歴したようだ。近藤万丈の『寝覚の友』に、万丈が良寛に遭ったことが記されているので、良寛が四国に渡り、四国を托鉢行脚したことは間違いあるまい。しかし、この遍歴についても謎が多い。まず、印可の偈を所持していながら、それを活用すべき行動のまったくみられないこと。四国は空海にゆかりの地であるが、空海についてあまり関心を示さなかったこと。そもそも、なぜ四国を遍歴したかということ。また、この四国遍歴の後、なぜ帰郷したかということ。

四国とその周辺諸国の遍歴は、おおよそ四年に及んでいる。この間の主な出来事としては、青少年期に漢学の教えを受けた北越の儒者大森子陽の死、家督を次男由之に譲った後、勤王の思想に奔走するも挫折した父・橘以南の自死。この二つがあげられる。ちなみに母おのぶは、円通寺修行時代に亡くなっている。

良寛にとって、両親の死と恩師の死は、限りなく淋しいものであった。また、父の不可解な自死は大きな衝撃であった。出奔の身を一番案じていたのは親であり師であろう。修行の身とはいえ、自分の消息を知らせたいという思いはいつも抱いていたにちがいない。また、望郷の思い募れば、おのずから親や師や兄弟の安否も気にかかっていたことだろう。青少年期に学んだ儒教、すなわち、「仁、義、礼、智、信」の教えによって、「親子、兄弟、師弟、長幼、夫婦、朋友」の関係を重視し敬愛する心情は、家郷を棄て仏門に帰依した身ではあっても、意識の根底にしっかりと根付いていたにちがいない。

だが、出家は非情なところがある。道元の曹洞禅は特にその傾向が強い。仏教は在家と出家を厳格に区別し、出家した者はイエにもどることはない。イエを棄てることから出発したのである。そして、いっさいの世俗のしがらみから自由になることが出家の意味である。帰郷はありえず、望郷は煩悩の一つとされる。出家におけるイエとは、その産土《うぶすな》の地はもちろんのこと、そこに生きる肉親縁者をも指してイエとする。出家した者は、そのイエという故郷にもどることはない。それが仏者の覚悟である。

しかし、おそらく四国遍歴の途次であろう。彼の杖は、なぜか故郷の方角を目指すようになっていったようだ。残念ながら、彼の遺した詩歌のなかに四国遍歴時期の作品は見当たらない。漢詩には、伊勢、信州、善光寺、糸魚川、福島にて詠んだ作品があり、和歌には、赤穂、姫路、明石、神戸、和歌山、高野山、伊勢、琵琶湖、木曽路、姥捨、などで詠んだとされる作品がある。漢詩も和歌もいずれも帰郷の途次に詠まれた作品であろう。ここに引用はしないが、作品内容からみて、すでに故郷を目指していたことが読み取れる。

したがって、遍歴ということになれば、四国での托鉢行脚が、遍歴の名に最もふさわしいように思われる。国仙に授かった爛藤の杖に拠って、良寛はまず瀬戸内海を渡り四国讃岐に上陸、そして阿波へ土佐へと、ひたすら歩き続けたのではなかろうか。国仙の教え、道元の教えを体得するために、茫々たる四国の道を往く良寛像。それは歩行禅そのものであったろう。この時期の詩歌が遺されていないために、想像の域を出ないが、彼がまっしぐらに向かった先は、もしかしたら、あの室戸岬ではなかったか。〈法性のむろとといへどわがすめばうゐのなみかぜよせぬひぞなき〉と若き空海が詠んだ室戸岬。この岬の洞窟で修行をした空海。ここにもし良寛が立ったとすれば、どのような思いを抱いただろうか。もしここに立ったとすれば、この岬から見た空海の海は、あまりにも激烈無尽であったがために、人間の卑小さを真に思い知らされたにちがいない。

悟りとはなにか、という公案によって歩きつづけてきた良寛は、遠からず、いつかどこかで「望郷」という迷いに衝突したであろう。帰るべきか、帰らざるべきか。迷悟の岐路に立たされる日は、ある日必ずやってくるのだ。いつどこで彼が帰郷を決心したかはわからない。あるいは帰巣本能として、北へ北へと足が向いてしまったのかもしれない。しかしながら、出家に対立する「望郷」は、禅僧にとって迷い以外の何ものでもないはずだ。土佐遍歴途上に「望郷」の迷いはあったのか否か。

土佐における良寛を知る手がかりは、唯一、近藤万丈の『寝覚の友』である。良寛没後十数年後に書かれたもので、万丈の記憶にはあいまいなところもあり、すべてを事実と受けとることはできないが、寓話的な表現のなかに、そのころの良寛の一端をうかがい知ることはできるだろう。少しく長くなるが引用する。

おのれ万丈よはひいと若かりしむかし、土佐の国へ行きしとき、城下より三里ばかりこなたにて雨いとう降り、日さへくれぬ。道より二丁ばかり右の山の麓に、いぶせき庵の見えけるを、行きて宿乞ひけるに、いろ青く面やせたる僧のひとり炉をかこみ居しが、喰ふべきものもなく、風ふせぐべきふすまもあらばこそといふ。雨だにしのぎ侍らば何か求めんとて、強てやどかりて、小夜更くるまで相対して炉をかこみ居るに、此僧初めにものいひしより後は、ひとこともいはず、坐禅するにもあらず、眠るにもあらず、口のうちに念ぶつ唱ふるにもあらず、何やら物語りても、只微笑するばかりにて有りしにぞ、おのれおもふにこは狂人ならめと。夜は炉のふちに寝て暁にさめて見れば、僧も炉のふちに手枕してうまく寝居ぬ。扨《さて》明けはてぬれど、雨は宵よりもつよくふりて立出づべきやうもなければ、晴れずともせめてしも小雨ならんまで宿かし給はんにやといふに、いつまでなりともと答へしは、きのふ宿かせしにもまさりて嬉しかりし。ひの巳の刻過ぐる頃に、麦の粉湯にかきまぜてくらはせたり。扨その庵のうちを見るに、ただ木仏のひとつたてると、窓のもとに小さきおしまづき据て、其上に文二巻置きたる外は何ひとつたくわへもてりとも見えず、このふみ何の書にやとひらき見れば、唐刻の荘子なり。そが中に此の僧の作と覚しくて、古詩を草書にてかけるがはさまりてありしが、から歌ならはねば、其巧拙はしらざれども、その草書や目を驚かすばかりなりき。(後略)

現代語に訳すまでもなく、解りやすい文章である。そして、興味深い内容である。記憶をたどりながら、遭遇した一僧侶をよく活写している。描写のなかで注目すべき点は二つある。一つは行住坐臥について。禅僧の精神生活の顕現が、逸話めいてはいるがよく表現されていること。特に「麦の粉湯にかきまぜてくらはせたり。」は、禅宗における典座《てんぞ》のふるまいであることは見逃せない。

もう一つは、芸術について。『荘子』を読み、漢詩を詠み、草書に親しんでいること。このことは、とりわけ注目に価する。なぜならば、不立文字を旨とする曹洞禅においては、芸術への接近にきわめて慎重であったからである。道元が芸術を否定したというわけではない。仏道と芸術との共存について、道元が深慮していたからにほかならない。

禅と芸術との和合。四国遍歴の迷悟のなかで、良寛に訪れた再生の転機は、迷いのなかにも悟りがあるということ。すなわち、「望郷」のなかにも悟りがあるということ、ではなかったろうか。

「仏道もとより豊倹より跳出せるゆゑに、生滅あり、迷悟あり、生仏あり。しかも、かくのごとくなりといへども、花は愛惜にちり、草は棄嫌におふるのみなり。」という『正法眼蔵』「現成公案」の問いかけを聴き、良寛は、山形爛藤の杖を故郷出雲崎に向けたのではないだろうか。

6　路傍の眼窩

日常に埋没したくないという思いから人は旅に出る。束の間の自由を求めて非日常の旅に出るのである。見るべき所はいろいろあって目を楽しませ、また食すべき物もいろいろあって舌をおどろかせる。折々の自然のなかに分け入って、そのふところに抱かれて疲れた心身を癒す。さまざまな歴史の跡を見学してタイムスリップする。その昔の山河や城や集落を思い浮かべ、そこに自分を立たせて感慨に浸る。逝きし者たちの面影を偲ぶ。懐かしいはずの過去はたちまち新しい現在として錯覚される。その感傷的な錯覚は旅の醍醐味と言っていいだろう。しばし人は過去の幻影に遊び、そして退屈な日常に回帰する。

〈幾山河越えさり行かば寂しさのはてなむ国ぞ今日も旅ゆく〉〈分け入つても分け入つても青い山〉と絶唱しつつ、流着すべきところに流着する、それが旅人である。此処から其処へ、其処から彼方へと旅人は移動する。移動を重ねながら非日常の旅は終局を迎える。牧水も山頭火も、その人生の過程のほとんどをこうした旅情になぐさめたのであった。芭蕉も西行もしかりである。始点と終点を有するこうした旅の愉悦は麻薬性を帯びているがゆえに、終点は間無く始点に転じ、旅から旅への永遠性を幻想させる。今日は明日へ、明日は明後日への非日常を祈願させるのである。終局としての日常に倦めば、たちまち非日常の旅の発端に立っている旅人たち。いったん愛酒家となった者は、二日三日禁酒しても断酒することはできない。二年三年と禁酒しても断酒することはできない。旅の愉悦を知った旅人もまた麻薬患者のような至福に浴する者である。

歩き疲れては
夜空と陸との隙間にもぐり込んで寝たのである
草に埋もれて寝たのである
ところ構はず寝たのである
寝たのであるが
ねむれたのでもあったのか!
このごろはねむれない
陸を敷いてはねむれない
夜空の下ではねむれない

揺り起されてはねむれない
この生活の柄が夏むきなのか！
寝たかとおもふと冷気にからかはれて
秋は浮浪人のままではねむれない

これは山之口貘の「生活の柄」という詩である。高田渡が曲を付けて唄ったので、貘と高田渡のダブルイメージとともに知られるようになった詩（詞）である。

松下博文の作成した年譜によれば、一九〇三年（明治三六年）沖縄県那覇に生まれた貘が、職を求めて二度目の上京をしたのは一九二五年（大正一四年）、二十二歳の時であった。その際、貘はたくさんの詩稿を携えていた。上京の目的は仕事探しだけではなく、むしろ本格的な詩作のためであった。翌年、和暦が大正から昭和に変わる年、さっそく貘は文壇の重鎮、佐藤春夫を訪ねている。覚悟と野心を秘めて、いよいよ詩人として生きるために歩み始めたのである。

汲み取り屋、鍼灸医学研究所事務員、ダルマ船鉄屑運搬業、暖房屋、書籍問屋事務員、医療薬通信販売員などさまざまな仕事を転々としながら詩作に励んだのであった。あやしげな仕事も食うための糧を得る必要からであった。中央詩壇の近くにいて詩作活動を維持することによって、詩人としての自負を保つ日々であった。ある程度の金がまとまれば安アパートに住み、それも叶わぬときは知人宅に仮寓したり、また野宿したりしてその日暮らしを重ねたのである。

昭和初期の都下を貘は露命をつなぐように生きたのであるが、それはすべて詩作のためであった。先に挙げた「生活の柄」という詩は一九三五年（昭和一〇年）に発表されている。貘はすでに三十二歳になっていた。最初の上京から十三年が経っている。時代は、都市部に流入する労働者によって活況を呈するいっぽう、軍事態勢が強化され治安維持を名目にした社会統制によって、先行きの見えない不穏な空気に包まれていた。

詩のなかに「浮浪人」ということばがある。「浮浪者」と同義であるが、「〇〇人」「〇〇者」と一字違うだけだが、「浮浪人」のほうには少しだけ「自由人」のイメージが感じられる。また、「浮浪」の類語には「放浪」「流浪」「漂泊」「流離」などの用語もあるが、貘が選んだのは「浮浪」である。詩人は用語の選択に腐心する。貘はとりわけ推敲に推敲を重ねる詩人であり、それぞれの詩のコンテクストのなかに動かしがたい一語を置く。

私見に過ぎないが、「生活の柄」に表白された心情は、旅人の抱く心情とは、なにかが根底的に違うような気がする。「浮浪人」は旅人ではないと言ってしまえばよいだろうか。その根底的な差異を明言するのはなかなか難しいが、貘じしんが投影されたその「浮浪人」は、非日常の旅人ではないと私はひとまず断言しておきたい。始点も終点もない、ただひたすら日常をさまよう放浪者、それが詩人貘の言いたかった「浮浪人」なのではなかろうか。旅にはなにかしら目的のようなものがあって、その目的が叶えばもはやその旅人は旅人ではない。終局を迎える旅に対して、「浮浪」そのものに終局はない。日常化した「浮浪」がそこにあるのみである。脱出しようにも脱出できない「浮浪」は、その者の性状となって身体化される。

「夜空と陸との隙間にもぐり込んで寝た」とは野宿のことであるが、なかば日常化したこの野宿は、身体化された「浮浪」を象徴するものである。詩人貘はそれを「生活の柄」と呼んだのであろう。着物の柄のように「浮浪」の柄をまとった一人の人間、すなわち自己を投影した「浮浪人」像を、詩人は感傷を混じえず、そして、いささかの諧謔味をこめて描出している。厳しい野宿生活を送る者の心情が吐露されているのだが、その心情は人間という生き物の抱える生存の不安が、声低く詠唱されている。「ねむれない」ということばの繰り返しがその詠唱である。不眠症患者の発するがごときこの経文のようなことばに、詩人貘のすべてが込められているのではなかろうか。彼の魂は停滞し逡巡し、あてどなく「浮浪」するのである。彼は旅人ではなくあきらかに「浮浪人」である。

＊

さて、山之口貘と良寛がどのように結びつくのか不可解に思われるだろうが、私は長らく「浮浪」という点において、また、その「浮浪」を客体化する反俗性において、この両者の言行と作品に関心を抱いてきた。さらに最近になってからであるが、隣国朝鮮の李朝末期の詩人金笠（キム・サッカ）にも「浮浪」という視点から興味を募らせるようになった。貘と良寛と金笠、この近世・近代の三人の作品を、あまり論じられてこなかった「浮浪」という視点から読み解く魅力を覚えたのである。旅人の心情とは異なる「浮浪」の意識を探ろうと考えたからである。貘と良寛と金笠に通底する「浮浪」の意識、「浮浪」の思想を汲みだしてみたいという思いは強まるばかりである。だが、恣意的な抽出による性急な解釈は避けなければなるまい。敷衍と演繹のバランスのとれた解読を心がけたいところだ。そのうえで、既成の良寛像に縛られない踏み込んだ作品分析をしたい。

まず良寛だが、よく知られるように、出家・修行・帰郷・草庵という生涯のなかで、柔和な托鉢僧のイメージが定着しているものの、良寛の実像はまだまだつかめそうでつかめないところが多いのではなかろうか。良寛の生涯には二つの時期に謎がある。まず挙げられるのが出家前後の青年期の謎である。いわゆる出家の謎であるが、田中圭一、磯部欣三ら歴史家による研究によって、この時期の良寛についてはかなり実像に迫ってきたように思われる。

謎の時期にはもう一つ、円通寺修行後の西国行脚の期間がある。どのような行脚であったのか、その行脚の範囲はどこかということなど、手がかりとなる資料もほとんどなく、良寛じしんの回想にもこの期間のことは見いだせない。したがって、この謎の放浪期間は、歴史家にも良寛研究の作家にも、また良寛を愛好する人たちにもほとんど注目されてこなかった。

私は、「杖と望郷」の章において若干触れてはあるが、あくまでも推測の域を出ぬ不充分なものであった。そこで論じたのは、謎の放浪期間に終止符をうつ望郷意識だけがテーマであった。それで今、放浪期間全体への想像力を馳せるなかで、山之口貘の詩もきっかけとなって、仮説的ではあるが「浮浪」意識と「浮浪」思想を考察したいと思ったのである。

「杖と望郷」において、資料として引用した近藤万丈の『寝覚の友』なども、よく読めば四国放浪期の「浮浪」の内実をあぶりだすことができるかもしれないと今は考える。たとえば、「此僧初めにものいひしより後は、ひとこともいはず、坐禅するにもあらず、眠るにもあらず、口のうちに念ぶつ唱ふるにもあらず、何やら物語りても、只微笑するばかりにて有りしにぞ、おのれおもふにこは狂人ならめと。」という箇所だが、僧であって僧ではなく、旅人であって旅人でもない「此僧」、すなわち良寛はいったい何者なのかという問い。この不可解な問いが生まれてくるのは必至であり、近藤万丈は、そうした不可解さを「こは狂人ならめ」と記したのであった。

良寛が消息不明の放浪生活を過ごしたのは、円通寺を後にした三十四歳から、越後に帰郷する三十九歳までの約五年間である。和暦でいえば、寛政三年から九年までということになる。四国行脚を中心としたこの時期をどう見るかということは、その後の良寛を考えるうえで重要だと思う。出家前後の時期と、そしてこの謎の四国行脚時期とが、後々の良寛像に大きく影をおとしているのではないかと考える。

円通寺修行期に身につけたものは禅の理論と作法であり、所詮、山門の内側のことであって、変動する社会の情況とはだいぶかけ離れた、理念のための理念に終始していたにちがいない。山門の内側が、そういう定型的なところであるのは否めない。親鸞も道元も山（比叡山）を下りてからようやく、宗門の定型をうち破って法理に近づくことができたのであり、山を下りたことによってはじめて、法理をみずからの切実な課題（ミッション）とすることができたのである。山を下りなければ、親鸞は親鸞に、道元は道元になりえなかったのである。

名主の家に生まれ、文化的環境に恵まれた出自の良寛は、円通寺に入門以来、禅の教理以外にも漢詩や和歌やお茶などにも関心を持ち、修行のかたわら、円通寺に所蔵の経典以外の書籍にも時間の許す限り接していたにちがいない。円通寺時代を回想した良寛の漢詩などから、円通寺が修行に厳しいだけの禅門でなかったことが窺える。学問好きの良寛はたぶん、経典に限らず多くの漢籍や和漢の古典に学び、ひそかに習作をなしていたものと思われる。瀬戸内海に面した温和で風光明媚な円通寺の環境は、厳しい禅修行のなかにもおのずから芸術的な知性を寛容に交えていたことだろう。良寛の師国仙和尚は禅師としての品格ばかりでなく、風雅の人としても尊崇されていたようである。こうした師のもとにあって円通寺における約十二年間を、良寛は宗教的環境に加えて文学的環境のうちに過ごしていたものと思われる。

だが、そうした恵まれた環境から得た宗教的知識も文学的知識も、またその自己表出としての漢詩や和歌の習作も、山門の内側における学問的教養であって、変動する社会情況に対する体験的見聞から発する内的必然性にねざすものではなかった。山門の内と外には隔たりがあり、宗門という定型的な枠を越境するまでには至らなかったものと考えられる。

定型的な枠は保護的な枠でもある。その枠を超えることができるか否かという難問は、誰彼の人生にも必ず一度は訪れるものだ。早かれ遅かれその難問の前に立たされる。難問は突然やってくることが多い。本人の意思とは無関係に、偶然にやってくる。予定されない不慮の事態としてやってくるのが、この難問の難問たるところである。

枠のなかに引き返す者、枠を突破して多様な価値観に触れようとする者、枠の前に佇む者、難問への対応はさまざまだが、その対応は本人の予期したものでも意図したものでもない、偶然の事態として訪れる。だから、その枠を突破した者も、突破した既成事実に後れて突破したことにはじめて気づくほかはない。

良寛にこのような難問が訪れたのはいつか。予期せぬ偶然の事態として訪れた定型的、保護的な枠の難問。それが訪れたのは、寛政三年（一七九一年）三月であったと私は仮説する。三月十八日に師の国仙和尚が示寂。国仙はその前年、良寛に印可の偈を与えている。自分を仏者として育ててくれた国仙の死が、精神的支柱を失う事態であったことはまちがいない。そして、印可の偈に込められた意味をも深慮して、この山門を出るべきか否か、迷いに迷ったにちがいない。

彼は山門を出ることにした。発心をしたわけでもなく、ただ迷いつつ山門を出るという偶然に身を任せたのではないだろうか。印可の偈をもってすれば、どこかの寺院の僧侶になる道もあったはず。やがて一寺の住職にでもなれば、それなりに安定した居場所と生活も得られたはず。しかしながら彼は、もはや定型的、保護的な枠の内側には戻れない〈個〉の自律と不安のなかに歩みだしていたのである。

歩き疲れては
夜空と陸との隙間にもぐり込んで寝たのである
草に埋もれて寝たのである
ところ構はず寝たのである

山之口貘の詩とともに思い出されるのは、定型的、保護的枠の外側に歩みだした良寛像である。閉塞感を強める昭和一〇年代の都下を放浪した貘の「浮浪」意識。それは西国放浪の良寛にも通底する意識ではなかろうか。定型的保護の外側に押しだされた単独者としての貘と、そして良寛。よるべなき単独者のたましいは、「浮浪人」としての意識を持てあましながら、暗い夜の底に眼を見開いたまま「ねむれない」のである。

投宿古寺裏　　投宿す古寺の裏《うち》。
終夜倚虚窓　　終夜虚しく窓に倚る。
清寒夢難結　　清寒夢結び難く、

坐待五更鐘　　坐して待つ五更の鐘。

「投宿」と題されたこの良寛の絶句は、帰郷後、五合庵に仮寓するようになってからの作である。西国放浪期か帰郷の途次か、「古寺」に「投宿」した時期は定かではないが、往時を回想して書かれた実体験に基づく作品であることは確かである。その内容は野宿にも等しい様子が直裁に描かれている。「古寺」といっても、かろうじて雨露をしのぐだけの荒廃した廃寺のイメージであり、おおよそ旅人を迎え入れるような趣きのある「古寺」などではない。以下に口語意訳を試みる。

歩き疲れてこの古めかしい無住の寺に泊まることにした。
夜通し空虚な思いを抱いて窓辺に凭れていた。
身にしみいる寒さのため眠りにつくこともできず、
端座してただひたすら夜明けの鐘が鳴るのを待つのであった。

このような「投宿」は当時としては取り立てて珍しいことではなかったかもしれない。だが、それでもやはり一夜を過ごす厳しさには変わりがないだろう。物見遊山の旅人ならば、旅の途上の椿事として余談の一つにでも加えられるこうした「投宿」も、あてどなくさまよう者にとっては切実な一夜であったにちがいない。

「虚窓」は、良寛の好んで遣う熟語である。中国古典、すなわち唐詩、宋詩に見られるこの漢語の用例を浅学にして私は知らないが、これまでに刊行された幾つかの『良寛詩集』にあたったところ、飾り気のない粗末な窓、あるいは、わびしい窓とする語釈が見受けられた。私は、誤読を怖れず、先のように意訳してみた。あてどなくさまよう者の心裡としては、「虚窓」の「虚」は「虚しく」でなければならないと考えたからである。

次にもう一篇「伊勢道中苦雨作」と題した作品を引用する。五言によって書かれたこの漢詩の形式は、絶句でも律詩でもなく、一八句（一八行）をもって構成された排律である。律詩は八句（八行）であるが、それ以上の句数（行数）の詩は排律と呼ばれている。律詩を超える句数（行数）のこの作品は、近体詩の約束事である押韻、平仄にもとらわれず、排律というよりもむしろ古詩のように野趣に富んだ自由な詩である。

なお、題にある場所を示す「伊勢道中」は、他の類似作品の遺墨では「信州道中」となっているものもあり、先の「投宿」の詩もそうであったが、どの時期の体験をもとにして書かれたものかは不明である。仮に放浪時期をもとにした作とすれば、放浪の範囲は意外に広いことにもなる。しかし、「伊勢」か「信州」か、放浪時期か帰郷途次か、それはあまり重要なことではなく、山門を出た一人の行人が、その先々の「道中」において何を見聞し、どのような思いを抱いたか、という点に着目すべきであろう。

我従発京洛
倒指十二支
無日雨不零
如之何無思
鴻雁翅応重
桃花紅転垂
舟子暁失渡
行人暮迷岐
我行殊未半
引領一嚬眉
且如去年秋
一風三日吹
路辺抜喬木
雲中揚茅茨
米価為之貴
今春亦若斯

我京洛を発《た》ちてより、
指を倒せば十二支なり。
日に雨の零《ふ》らざるなく、
これをいかにぞ思ひなからんや。
鴻雁《こふがん》翅《つばさ》まさに重かるべく、
桃花紅《くれなゐ》うたた垂る。
舟子《しうし》暁に渡《と》を失ひ、
行人暮れに岐《き》に迷ふ。
我が行《かう》殊にいまだ半ばならず、
領《うなじ》を引きて一《いつ》に眉を嚬《ひそ》む。
且つ去年の秋のごとき、
一風三日吹く。
路辺喬木を抜き、
雲中茅茨《ばうし》を揚ぐ。
米価これがために貴《たか》く、
今春またかくのごとし。

若斯倘不止　かくのごとくしてもし止まずんば、
奈何蒼生羅　蒼生の罹《うれ》ひをいかんせん。

詩の内容は前半と後半の二部に分けられる。十句（十行）目までは、今年の春、「道中」においてみずからが体験した長雨（大雨）の被害について。長雨は梅雨のことであろう。そして後半、「且如去年秋」以降が去年の秋の暴風の被害について。二一句目に「一風」とあるのがその暴風であり、おそらく台風のことであろう。今も昔もこの列島は、豪雨や台風など自然の猛威に悩まされてきたのである。

題に「苦雨」とあるのは、前半に描かれた豪雨被害を指しているが、「苦雨」はまた同時に、後半の暴風被害をも総称していよう。人々を苦しめるこうした災害を「苦雨」と表現したことには、被災者の思いを共有しようとする良寛の意思をみることができる。

全編、自然災害の恐ろしさを、実にリアルに描いている作品だ。「舟子暁に渡を失ひ、行人暮れに岐に迷ふ。」には豪雨による河川の氾濫や浸水が、「路辺喬木を抜き、雲中茅茨を揚ぐ。」には暴風による大木の倒壊や屋根の損壊が、ドキュメンタリーのように活写されている。当事者ゆえにこのような写実が可能であったわけだが、この詩が文学的にも優れているのは、その写実法の客観のなかに主観を加えている点である。

前半五句六句目の「鴻雁翅まさに重かるべく、桃花紅うたた垂る。」の措辞が、その文学的表現である。豪雨に苦しむのは人間ばかりではなく、「鴻雁」も「桃花」も同じであるという感情の現し方は、身体感覚としての実感から発せられたものであり、こうした主観は、修辞的文学性とはまったく逆の、実存的視座を有している。

さらにこの詩の特異な点は、終わり四句にあるだろう。自然災害の悲惨をリアルに叙述するだけに留まらず、その災害の影響によって苦しむ民衆の生活の実態をも叙述する。「蒼生の罹ひをいかんせん。」は、その愁訴の表白である。このような愁訴を、漢詩にしろ和歌にしろ、その当時のいわゆる文人と呼ばれるような知識人たちが、どれだけの物を書き遺したかと言えば、わびしいばかりではなかろうか。漢詩人たちはこぞって、江戸詩壇、大坂詩壇、九州詩壇に集うものの、唐詩の壮麗典雅な詩風を定型的になぞるような作品ばかりを吟じていたのである。「米価これがために貴く」などの句は、とうてい思い及ぶところではなく、むしろ、そうした生活実態そのものを詠うことを遠ざけていたのである。

生活即詩である、というようなことを言うつもりはない。生活から汲み上げたことばの、実存的な価値について考えてみたいのである。近世ドイツの哲学者、ヨハン・ゴットフリート・ヘルダーの『言語起源論』に倣って言えば、詩作は人間の生存と一体である、ということだ。「蒼生の罹ひ」を詩作の淵源とすること。そうした想像力が、この「苦雨」の詩を書かせたのではなかろうか。

実存的想像力は、習慣と忘却の日常のなかからは生まれてこないだろう。失われた時間を想起もせず、その喪失すら気づかなくなってしまえば、人はいったい何を願望し、何を愁訴することができようか。「且つ去年の秋のごとき」と想起するときにこそ、そこから、人間の生存にかかわる問いが生まれてくるのではなかろうか。

生存に触れる問い。そのような問いを、良寛はいつも抱えていたように思う。「浮浪人」であるがゆえに、生存に触れる問いを、みずからの裡《うち》に聴くことができたのではなかろうか。あてどなくさまよう「浮浪人」の意思は、旅人の眼のような傍観的なものではなく、其処に在る眼の意思として、其処に在り続ける眼の意思として、寄る辺なき者の心の奥深くにひそむ勁さとして、世間を凝視していたのではなかろうか。その凝視する世間が、政治にも経済にも関わることは当然のことである。ゆえに、「米価これがために貴く」という詩句は、人間の生存に直接触れるのである。

*

日本列島はモンスーンの影響を受けて湿潤な気候である。それゆえ肥沃な大地に恵まれている。しかし、ひとたび気象に異変が生じれば、肥沃な土地も、水害や干害、冷害といった飢饉に見舞われる。自然は気まぐれである。飢饉は自然災害ではあるが、失政による人災の面もある。江戸時代は飢饉の多かった時代である。一説によると気温の低い時期にあたり、冷夏になることが多かったようだ。よく知られる江戸時代の三大飢饉は、享保、天明、天保の時期であるが、この三つの時期に限らず列島のどこかで、毎年のように飢饉が起こっていたのが江戸時代である。凶作による飢饉は、民衆の暮らしを直撃し、生存を脅かす甚大な被害をもたらした。また、さまざまな社会問題も引き起こしている。沖浦和光著『幻の漂泊民・サンカ』には「天明〜天保期の大飢饉と農山村の荒廃」について、次のような記述がある。

農山村から多くの難民・棄民が出たのは、まさに一八世紀末であり、それは天明期から寛政期（一七八一〜一八〇一年）にかけてであった。その頃の社会状況は、老中・田沼意次による重商主義的な社会政策の失敗、さらにはそれに追い打ちをかけた天明の大飢饉——この人災・天災によって、幕藩体制はかつてない危機に直面したのであった。

すなわち、農村では、農村人口の減少によって耕地の荒廃が進み、重い年貢と小作料の収奪に苦しむ農民の「百姓一揆」が続発した。さらに天明の大飢饉によって特に東日本の農村は大打撃を受け、多くの窮民が江戸をはじめ都市部に流入した。貨幣や米穀の相場を握っている商人層の操作によって物価が急上昇したので、行商や日雇いなどその日暮らしの都市下層民による「打毀し」が続発した。

（文春文庫、二五七ページ）

飢饉による窮乏によって、一揆や打ち毀しが発生したことはよく知られている。しかし、一揆や打ち毀しのような実力行使をともなう訴えが起こるまでに、どのような社会問題、社会現象が起こっていたかということについて、これまでの歴史家の分析は決して充分なものではなかった。幕府および藩の政策の是非を指摘することはあっても、その政策と実態とのズレを鋭く分析することはなかったのである。沖浦は、民俗学と社会学の視点からも歴史をみる人であり、歴史を複層的にフィールドワークする学者であった。先に引用した箇所でそれを見れば、難民・棄民の発生についての分析である。具体的に沖浦は、「農村人口の減少」「耕地の荒廃」「窮民の都市部への流入」を挙げている。そして同書はさらに、興味深い指摘をする。寛政の改革の後、老中職を辞した松平定信の自叙伝『宇下人言《うげのひとこと》』を解読するくだりである。

天明の大飢饉直後の「人別改」、すなわち全国的な人口調査によれば、「人別帳」だけでも一四〇万人減った。だが、これはみな死んだのではなくて、帳外れとなり、出家・山伏、または無宿となって、各地を「さまよいありく徒」になったと言うのである。出家といっても、流民がれっきとした僧になれるわけではなく、托鉢《たくはつ》をして歩く乞食僧であった。この山伏にしても、法螺《ほら》貝に錫杖《しゃくじょう》を持って巡行する修験者ではなく、文字どおり「山に伏す」漂泊民を指していたのだろう。

ここに出てくる帳外れの「出家」「山伏」「無宿」、すなわち、各地を「さまよいありく徒」の中から、山野河川に臥して瀬降り生活を営むサンカがうまれたのではないか――それが本稿で一貫して主張してきた私の説である。

(同、一二五九～一二六〇ページ)

江戸後期の漂泊民にサンカの起源を考察した画期的な指摘である。この指摘も興味深いが、私が注目し、且つ驚いたのは一四〇万という数である。飢饉の後、多くの餓死者と流民（漂泊民）を出したのは明らかであるが、人別帳から消えた一四〇万の数に誇張がなければ、まずその数に驚かざるをえない。檀那制度による人別帳は今の戸籍にあたる。人別帳からの抹消は、死亡か逃散か逃亡である。飢饉によって、いったいどれくらいの餓死者が出たのであろうか。また、いったいどれくらいの流民を出してしまったのだろうか。この文章にはその内訳は書かれていないが、松平定信の原文を解読した沖浦の筆致は、あきらかに流民の多さを示している。土地を捨てて逃散に及び、その先をどう生き延びたのか。やがて路傍に餓死する者もおおぜいいたことだろう。

農村部にも都市部にも、いたるところに餓死者と流民があふれていたことが想像される。小田切春江（一八一〇〜一八八八）という、旧尾張藩士で画家としても知られる人物が編集した『凶荒図録』（一八八五年刊）という書籍には飢饉の惨状が記されており、たとえば、「大飢饉の村郷は食物の類とては一品もなく牛馬の肉はいふも更なり。犬猫までも喰尽くし、されどもつひには命を保ち得ずして餓死せしも数多ありし」という記述が、挿絵とともに掲載されている。小田切は天保の大飢饉を二〇代の頃に見聞したであろうから、この書籍に描写された絵もまた文章も、事実とみてまちがいはあるまい。

あの「苦雨」のようなリアリズムの詩を詠んだ良寛が、こうした飢饉の惨状を目にしないわけはなかった、というのが私の推論である。寛政三年から九年までの五年間、その放浪の期間において、あるいは帰郷の途次において、餓死者、流民に必ず接しているはずである。彼はおのれじしんも流民のごとき放浪の身ではあったが、一応まがりなりにも袈裟を纏った乞食僧であった。路傍に餓死者を見れば、黙って通り過ぎることはできまい。経文の一つも唱えて供養したにちがいない。また、流民とともに野宿をしてすごしたかもしれない。あの、貘の詩のように「夜空と陸との隙間にもぐり込んで寝た」ことだろう。餓死寸前の路傍の眼窩に見つめられ、「蒼生の罹ひをいかんせん。」と、幾度となく心のなかで嘆願したにちがいない。寄る辺なき「浮浪」意識は、良寛にも流民（漂泊民）にも共通する恒常的な胸裏であり、生存に触れる問いであった。それはまた時に、世の不条理をも告発する、まことに悲痛な問いでもあった。

『凶荒図録』より

＊

ところで、少し横道に逸れるようだが、江戸時代後期と同じ頃、隣の国朝鮮にも、良寛のように漢詩の才に秀でた者がいた。詩壇に登場して華々しく活躍する者たちとはまったく無縁に、独自の詩の世界を拓いた異才の詩人である。

その詩人の名は、金笠《キムサッカ》という。本名、金炳淵《キムビョンヨン》。編み笠をかぶって全国を放浪したことから、金笠と俗称された詩人である。放浪詩人として注目されたことから、「朝鮮の山頭火」と呼ばれることもあるが、編み笠スタイルの風貌が似ているだけで、作品傾向はあまり似ていない。出自や風土の違いは、おのずから作品にも影響する。そのために異なる詩性となったのであろうか。詩質の点から言えば、やはり良寛に近いものが感じられる。金笠と良寛の作品については、比較文学の視座から稿を改めて論じてみたい。とりあえず今は、金笠の簡単な紹介を、崔《チェ》碩義《ソギ》著『放浪の天才詩人　金笠』から抄出する。以下、その引用文である。


金笠《キムサッカ》（一八〇七～六三年）は朝鮮王朝末期、全国を放浪しながら数多くの詩を書き残した天才詩人である。いや、乞食詩人といったほうがいいだろう。彼ほど波乱万丈な生き方をした人間も珍しい。金笠は人生の敗北者であり、社会の枠組みからはみだした存在であったが、天賦の詩人であったのは確かだ。なにしろ人に請われるまま、機智に富んだ詩を書き散らして路銀や酒代に換え、野垂れ死にしたのだから。

もともと金笠は、当時、権勢を誇っていた安東金氏《アンドンキムシ》のなかでも「壮金氏《ヂャンキムシ》」という名門に生まれた。ところが、祖父に当たる金益淳《キムイクスン》が洪景来《ホンギョンネ》の乱に巻き込まれ、一家は王朝政府によって「滅門廃族」されるという憂き目にあった。――中略――

足の向くまま三千里坊々曲々《バンバンコクコク》（全国津々浦々）を巡り、横暴な両班《ヤンバン》には諷刺詩を放ち、庶民の家に祝いごとや葬式があると聞けば、その家に出向いて祝詩や挽歌を贈っては酒と食事にありついた。

後に、詩人としての名声が高まり、各地の有力者から招かれたり、書堂《ソダン》（私塾）の教師を頼まれることもあったが、彼は最後まで一ヵ所に定住することを求めず、孤独な一生を送ったのである。

（集英社新書、一〇〜一一ページ）

これだけを見ても、人物像において、良寛に似ているところ、似て非なるところがいろいろあって興味深い。作品の比較はさらに興味深いものがある。中国、朝鮮、日本、ベトナムは漢字文化圏である。漢詩はこうしたアジア地域に特有の文学であった。その伝統は今も生きている。日本と朝鮮の交流は古く古代以前から始まり、江戸時代には朝鮮通信使を通じて文化交流が盛んであった。新井白石が朝鮮の漢詩人に教えを受けたというエピソードもある。江戸時代は儒教の普及にともない、漢文も広く普及した。漢文的素養はもともと武士のものであったが、江戸時代後半には庶民レベルにまで普及したのである。良寛は和歌も多く遺したが、発想の自由さにおいては、漢詩のほうが優っているように私には感じられる。一般的に、漢詩のほうが形式に縛られやすい傾向がある。しかし、良寛も金笠も、形式にとらわれず、自由奔放な発想によって詩作した。とりわけ、金笠の詩は自由で桁外れのところがある。本稿の主題に関連して、金笠の「見乞人屍」と題する七言律詩の作品を見てみたい。題は「乞人の屍を見る」と訳せよう。「乞人」とは乞食のこと。訓読の後に意訳を試みる。

不知汝姓不識名
何処青山子故郷
蠅侵腐肉喧朝日
烏喚孤魂弔夕陽
一尺短笻身後物
数升残米乞時糧
寄語前村諸子輩
携来一簣掩風霜

汝の姓を知らず名を知らず、
何処の青山子《し》の故郷ぞ。
蠅は腐肉を侵し朝日に喧《やかま》しく、
烏は孤魂を喚《な》き夕陽を弔ふ。
一尺の短笻《たんきやう》身を後《あと》にせし物にして、
数升の残米時を乞ふ糧なり。
語を寄さむ前村の諸子輩に、
一簣《いつき》を携へ来て風霜を掩《おほ》はむと。

おまえさんの姓も名も知らない、
おまえさんの先祖の眠る故郷がどこかも分からない。
腐乱したおまえさんの身体に蠅がたかって朝日のなかに喧しく、
日暮れになれば烏がきておまえさんの孤独な魂を夕陽のなかに弔っている。
屍体の傍らにはおまえさんの残した一尺の短い杖がころがっている、

おまえさんが乞食をしていたときの数升の米も散らばっている。
この村のみなさんに私は呼びかける、
竹篭一杯の土を持ってきてもらい一緒に土まんじゅうを作って風霜から守ろうと。

凄惨な野垂れ死にの現場を描いた作品である。李朝末期には両班支配層の腐敗、堕落が進み、政治がまっとうに行われず、国の経済は破綻を来していた。そのしわ寄せは社会的弱者の生活を困窮させ、この詩にあるような悲惨さを呈していた。野垂れ死にをするものの数はいかばかりであったろうか。政治、経済の破綻はまず食糧の涸渇となり、飢饉による餓死者を増加させる。野垂れ死にとなった者の屍体は、衛生環境を悪化させ伝染病を蔓延させる。行政の失策、無策は被害を拡大させるばかりである。

この詩が地獄図を見るような凄惨さでありながら、救われるところがあるとすれば、名もなき死者への呼びかけである。「汝の姓を知らず名を知らず、何処の青山子の故郷ぞ。」と呼びかける金笠のことばには、当事者意識を擁した温かさがある。現実を凝視する厳しい眼の背後には限りなく優しい思いがある。絶望的情況は人心の荒廃を招くこともあるが、そうした危機的人心をぎりぎりのところで守り抜くのは、やはりことばと行動である。「語を寄さむ」と村人たちに呼びかけ、「一簣を携へ来て風霜を掩はむと。」して行動したそのふるまいは、そこを通り過ぎて立ち去るだけの旅人の人情ではない。

「されど、死ぬのはいつも他人ばかり」とは、マルセル・デュシャンのことばである。たしかに、他者の死は自分の死そのものではない。死んだのはあくまでも他者であり、自分はいつも生き残った者でしかない。だが、他者の死の意味を考えるのは、生き残っている私である。私が死者を考えなくてだれが考えるのか。どのような死も、どのような不条理な死も、無意味であるか否か、考えるのは私である。

貘も良寛も金笠も、「浮浪人」であったと私は思う。なぜならば、「浮浪人」はいつも他者と隣り合わせにいるからである。事切れてしまった他者が、死者としておのれの傍らに横たわっている。生存に触れる近さに横たわっているのだ。貘も良寛も金笠も、そうした「浮浪人」としての、野生のたくましさを基に生きていたように思う。死者の眼窩に見つめられながら、生存に触れる問いを抱えながら、それぞれの人生を歩んでいたのだと思う。

7　不安と自由

「人間は自由という刑に処せられている」とサルトルは言った。自由が刑罰であるという言い方が逆説的であるが、刑罰の比喩しているものが責任とか義務のことだとすれば、言わんとするところは決して難解ではない。自由と責任、自由と義務がワンセットであることぐらいは、サルトルのことばを俟たずとも、分かる者には分かる。自由には何もしない消極的な自由もあれば、他人や社会を巻き込んで果敢に行動する積極的な自由もある。どちらの自由であれ、自由なふるまいによってもたらされた結果についての責任を免れることはできない。自由には自己責任が伴う。

しかし、サルトルは自己責任の必要性や重さを言おうとしたのではない。責任論によって自由を語ろうとしたのではない。倫理的な責任を自由の条件にしたのでもない。自己責任というような因果関係論はむしろ自由の本質からは逸れていると考えていたはずだ。

「刑に処せられている」とは何か。責任や義務であると先ほど定義したが、このように定義してしまえば限定的になり、サルトルの提題した自由もまた限定化されてしまうことになる。単純な定義は視野を狭くするばかりである。ならば「刑に処せられている」とはいったい何の比喩なのか。いや、何かの比喩ではなく、それはいったいどのような状態、どのような情況なのか。

今さらながらサルトルの『存在と無』などを思い出すのは、僧侶としての良寛を考えながら、人間の自由について再考したいからである。自由、それは誰にとっても魅力的な情況のはずだ。だからなのだろうか、自由な人間像として良寛を見る人は多い。天真爛漫に生きた人間。周りの眼をも気にせず、陰日向なく正直無垢に生きた人間。集団的なもの組織的なものを嫌い、寺僧にならず乞食僧として生きた僧侶。知足清貧の求道的禅僧でありつつも、宗門を超えて寛容に生きた僧侶。このような自由な人間像として良寛は受容されてきた。「良寛さん」と親しまれ、また「良寛さま」と敬仰されてきた所以である。良寛の魅力は、自由の魅力のようにさえ思われてきた。人間が自由というものに憧れる本能的な欲求が、そうした良寛像を形成したとも言えるだろう。

だが、サルトルのことばを想起すれば、われわれの良寛像は、もしかしたら片思いのようなものであるのかもしれない。見たくない物は見ない、見たい物だけを見るというわれわれの欲望は、自由というものを限定し理想化してしまいがちである。何物にも束縛されることのない明朗快適な自由意思の概念が、脳天気な解放感をイメージさせ、その解放感だけをもって良寛を見るとしたら、その良寛像は楽天的なロマンチシズムにしかすぎないだろう。

山かげの岩間を伝ふ苔水のかすかに我はすみわたるかも

五合庵時代の作品である。たまたま仮寓するようになって、そのときの心境が詠まれている。「山かげの岩間を伝ふ苔水の」までが「かすかに」に掛かる序詞的修辞であるが、形式的な措辞ではない。国上山山中の自然に実感して発露したことばとして捉えることができ、心境と自然の一体化したやわらかな描写となっている。「苔水の」ように「かすかに」と、他意を含まず順接してゆく調べのなかに真情がよく込められている。「すみわたる」は「住み続ける」の語意として解釈されてきているが、「澄み徹る」の語意でも解釈は可能だろう。あるいは、掛詞として「住み」と「澄み」の両方の意味を含んでいるのかもしれない。この一首が心境詠であることを考えると、掛詞として鑑賞するのが望ましいのではなかろうか。

いずれにしても、これから先の人生を、ひっそりと草庵に暮らすことになるだろうと吐露しているわけである。その独語は終助詞「かも」を添えることによって感慨をより深くしている。「澄み徹る」ようなたまゆらの心境と同時に、草庵暮らしを覚悟した「住み続ける」という将来的な心境が、静かに表白されている一首と捉えることができる。

このような心境に至った良寛は、はたして自由な人間であったのだろうか。世俗のしがらみから解放され、いよいよ聖《ひじり》のような生活に没入してゆく姿として、ここに人間の自由な精神世界をみることができそうである。物理的環境から見れば、出家以後の長く定めない不如意の歳月も、ようやくこの五合庵において安定を得たことにはなる。年齢にしておおよそ四十代後半、仮寓とはいえここに栖《すみか》を得たことの平穏は心身ともに明らかだ。平穏無事な草庵暮らしのなかに、良寛の精神世界は、はたして清々しく自由であったのか否か。

私は、自由であったことを確信する。いよいよ自由な精神世界への参入を確認する。しかしそれは、世俗のしがらみから解放されたからでも、また捨聖《すてひじり》のような生活に没入してゆくからでもない。さらに言えば、心身の平穏を得たからでもない。それらのことはみな外貌であって、良寛の精神世界は、解放、没入、平穏とはむしろ対極に位置する混迷のなかにあったのではなかろうか。超越的な悟りの世界などによって自由であったのではない。彼の自由は、サルトルの自由、すなわち「自由という刑」によって自由であったのではないかと考察する。

それは、「かすかに」ということばが手がかりとなる。このことばは複雑な心境を暗示している。「山かげの岩間を伝ふ苔水」という修辞もしかり。複雑な心境とは、ただそのままに複雑であって、いかようにもしがたいという混迷である。謙虚や深慮ではない。最善を尽くそうとする意図でも悟性でもない。それはただ、不安や矛盾そのものである。センシティブな畏れである。

この「かすかに」感じるところの心境によって彼は自由であったのだと、私は思う。不安や矛盾のなかから開かれてゆく視野、深い孤独のなかからの目ざめ、苦患のなかからの祈り。不安や矛盾、孤独や苦患は人間存在そのものであり、サルトルの言う実存であろう。無意味で偶然で何の拠りどころもない人間存在は、それゆえに自由であり、「自由の刑に処せられている」というのがサルトルの自由論である。「存在は本質に先立つ」という命題によって導き出された自由論である。

良寛の心境をこうした自由論によって私は理解するのである。「かすかに」と発語したそのときの良寛は、無援無償の存在である。意味もなく目的もなく、ただ「すみわたる」われを認識した拠り所なき無償性において自由であったのだと思う。かつてルポライターとして名を馳せた竹中労は、ある対談のなかで「われわれには自由になろうとする自由だけは残されている」と語っていたことがある。このことばもまた、サルトルの自由論に繋がっているにちがいない。

また、まったく唐突だが、この良寛の「かすかに」の歌から思い出す歌人がいる。新潟県堀之内出身の宮柊二である。二十歳のころ上京して北原白秋の門下となり、白秋主宰の歌誌『多磨』創刊に参加。時代は日中戦争が泥沼化し、南方での戦局にも陰りが見え始めていたころである。一九三九年八月応召。十二月、中国山西省に入り、以後各地で戦闘に参加。一九四三年十月、召集解除になるも、一九四五年六月、再召集。八月、日本は全面降伏により敗戦。宮は命を得て復員する。前線に銃後に国民を総動員したアジア太平洋十五年戦争は、悲惨な終戦を迎えることとなったのである。日本が初めて体験した国民国家の敗北である。

敗戦の痛手を負いながらも宮は、戦前戦中の作品を『群鶏』『山西省』にまとめ、一九四八年刊行の『小紺珠《しょうこんしゅ》』には、終戦直後の生活を庶民の眼で客観的に捉えた作品をまとめている。『小紺珠』の巻頭詠「砂のしづまり」に次のような歌がある。

たたかひを終りたる身を遊ばせて石群《いはむらが》れる谷川を越ゆ
河原来てひとり踏み立つ午《ひる》どきの風落ちしかば砂のしづまり
砂わけて湧きいづる湯《ゆ》を浴《あ》まむとしつぶさに寒し山の峡《はざま》の
山川の鳴瀬《なるせ》に対《む》かひ遊びつつ涙にじみ来ありがてぬかも
めぐりたる岩の片かげ暗くして湧き清水ひとつ日暮れのごとし

終戦直後の九月、妻子の疎開先である富山県黒部の宇奈月を訪ねたときの一連である。小題に附した詞書きには「九日、黒部谿谷に入る。蕭々たる谿谷は淡陽差と時雨とを交々に迎へつつあつた。」と記している。敗戦をどのように捉え、どのような思いで黒部谿谷を歩いていたのだろうか。

安堵、その思いに浸っていたであろうことは、一首目の「たたかひを終りたる身」ということばに見てとることができる。生還できたことの安堵ほど深いものはない。そして、「身を遊ばせて」とあることから、奥深い黒部の自然のなかに解放感をも味わっていたことだろう。四首目の「遊びつつ」にも同じような解放的な心持ちが感じられる。また、今こうして妻子に会うことのできる喜びの気持ちも、「遊びつつ」「遊ばせて」という表現のなかに、直裁にではなく抑制的に込められているようだ。

だが、その安堵や解放感は、この「砂のしづまり」一連の主たるモティーフではないだろう。一連全体に重く流れている沈鬱な気分。その気分のほうにこそ、ほんとうのモティーフが秘められているのではないか。安堵とは裏腹なその沈鬱な気分。それは無意識の世界のもの。不可避のもの。また、たぶん、安堵とその気分は、別々にではなく不可分のものとして宮を襲っていたのではないか。

宮におとずれた安堵と沈鬱。それは一連全体から感じられるものであるが、一首のなかにその安堵と沈鬱を探すとすれば、四首目の結句、「ありがてぬかも」に最もよく表白されているだろう。この「ありがてぬかも」は万葉集に見られる「ありかてぬかも」にならった用語であり、「ありかつ」という動詞に「ぬ」と「かも」が接続した連語である。「ありかつ」は「そのままじっと耐えることができる」の意味。「ぬ」を完了とするか打ち消しとするかで解釈が分かれる。そのほかにも「ぬかも」の形で願望表現とする用例もある。

したがって解釈は、①「じっと耐えることができたことだなぁ」②「耐えることはとてもできないことであるよ」③「じっと耐えることができますように」の三通りが可能である。はたして宮はいずれの意味によって一首をなしたのであろうか。私の推測は③に傾くが、必死に耐えようとすることにおいては、①でも②でも③でも、変わりはないように思われる。

さて、掲出した良寛と宮のそれぞれの歌をこうして比べてみれば、宮の歌は一復員兵の心境であり、草庵暮らしを始めるようになった良寛の歌の心境とは、その時代背景にも個人的来歴にもなんら重なるところはない。両者それぞれの在世はおおよそ百年を隔てている。近しいところを言えば、同じ越後の風土に育った同郷人であること、詩歌を愛好し、歌人として作品を残したこと、この二つぐらいであろうか。良寛の詩歌に宮が関心を抱くようになったのは晩年になってからである。両者それぞれの境涯には、接点も類似もない。江戸後期を生きた良寛と戦中戦後を生きた宮とが、流れゆく歳月のなかにただ別々に存在しただけで、相関関係はない。

しかしながら両者は、「自由の刑に処せられている」ことにおいて、同じ心境のなかに生きていたのではなかろうか。別々の境涯を生きながらも、時代を超えて、不安や矛盾、孤独や苦患を負う存在としての、未だあらぬ何者かになるほかはない存在としての、そうした無償の自由によって二人は生かされていたのではなかろうか。

先に掲出した宮の作品に「砂のしづまり」や「湧き清水」が描出されているが、それは不安や矛盾、孤独や苦患の形象化された小景として読むことができるだろう。先に挙げた良寛の歌では「苔水」がその小景である。この「かすかに」存在する小景たちに投影された二人の心境のなかに、私は、ほんとうの意味での自由が生起していたのだと思う。存在の不安に耐え、「ありがてぬかも」と嘆声してなお新しく生きようとするところに、自由は、あるべきものとして生まれていたのだと思う。それはまた、良寛と宮にだけの特別のことではなく、われわれ人間にひとしく生起し得る自由であると言うことができよう。サルトルが「自由の刑に処せられている」と論じたのも、たぶん、そういうことだったのではなかろうか。

世上栄枯雲変態
五十余年一夢中
疏雨蕭蕭草庵夜
閑擁衲衣倚虚窓

世上の栄枯は雲の変態にして、
五十余年は一夢の中。
疏《そう》雨蕭蕭たり草庵の夜、
閑《しず》かに衲衣《のうえ》を擁し虚しく窓に倚る。

「夜雨」と題した五合庵時代の漢詩である。わが来し方を振り返って作られた一篇の詩。これまでの五十数年を、はかない夢のなかのできごとのように回想する。絶句の典型的な起承転結をもって感慨の深さを吟じている。起承には定型的な有為無常を述べ、転じて草庵夜雨に時空を移し、結句に自画像を描出する。

主題は有為無常でも一睡の夢でもない。結句の自画像にあることは明白。良寛にはこうした自画像の作品が多い。自意識が強かったのであろう。自我を持てあますところがあり、外貌とは裏腹に内面的にはさまざまな葛藤を抱えている。出家の理由も自意識がもとであったことが想像される。強すぎる自意識を克服しようとして仏門に帰依したはずでありながら、なお負の自意識から解放されることはなかったのである。

結句に描き出された自画像は、そのような禅僧の自画像である。聖と俗とのはざまに自意識が動揺する。自分はいったい何者であるのか、という自意識の不安。「閑かに衲衣を擁し虚しく窓に倚る」その姿は、不安そのものではなかろうか。「衲衣」は袈裟、「擁し」は抱きかかえるの意味。僧侶の存在証明たる袈裟を抱きかかえる姿は、いったい何を物語っているのだろうか。「虚しく窓に倚る」姿はどのような心境を物語っているのだろうか。どこか痛々しいまでに「あはれ」を感じさせる自画像である。

良寛の僧としての在り方について、よく言われる表現に「半僧半俗」あるいは「反僧反俗」ということばがある。たしかに、彼の僧侶として情況を言い得て妙という感じがする。檀家制度の宗門からは離脱し、かつその宗門を批判することさえあった彼の僧侶としての立場は、「半僧半俗」あるいは「反僧反俗」というほかはない。書家の書、歌人の歌を彼が嫌ったように、たんに宗門の僧を嫌っただけなのかもしれないが、そうしたいっぽうで彼は、離れがたい自意識によって人一倍、僧侶への自負心も強くしていたことがうかがえる。袈裟を抱きかかえるのはそうした思いの現れであろう。

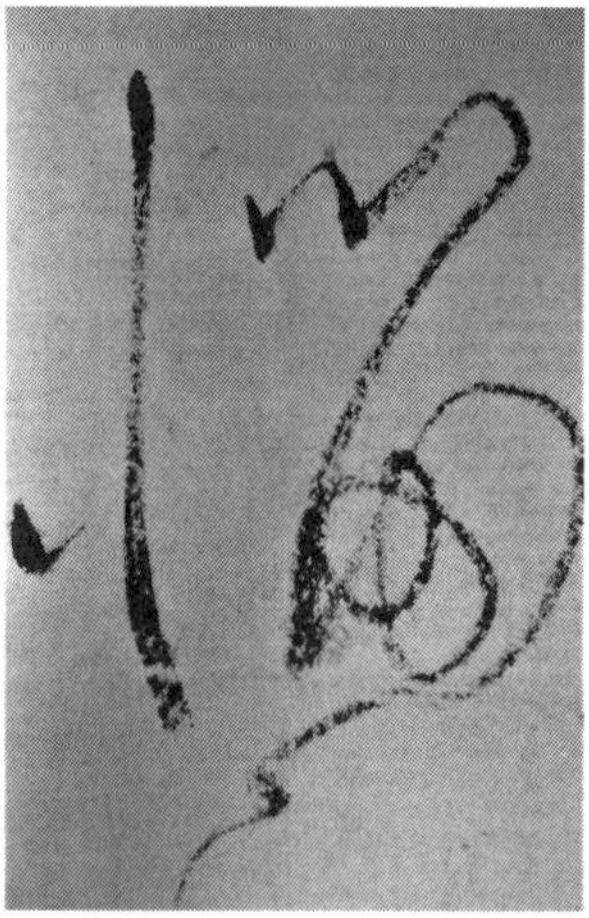
七言詩「芳草連天」六行目「悩」の字

「半僧半俗」あるいは「反僧反俗」と見ることに間違いはないだろう。そう言い切ってしまえば、もっともらしい感じもする。だが、彼の僧侶としての自意識が不安そのものであることを忘れてはなるまい。「虚しく窓に倚る」心境を考えなければなるまい。僧侶であって僧侶ではないという存在の不安。そしてそのことが、未だあらぬ何者か﹅への﹅自由﹅﹅であることも考えておきたいと思う。われわれ人間には、「自由になろうとする自由」が、すでに約束されているのだと思う。そういう意味で、「人間は自由という刑に処せられている」のではないか。

8 「世の中」としての草庵

作者のもとを離れて作品は自立する。自立するためには、作品を享受する者がいなければならない。鑑賞する者や批評する者、そういう享受者の存在は、作品にとって不可欠である。作品は作者のものだけではない。いや、作者のものではないと言うこともできる。多様な享受者を得て、作品がいよいよ一人歩きする場合にも、作者はこれを甘んじて受けいれなければならない。作品と作者と、そして享受者との関係は、どこか三角関係のような相互緊張を孕んでいる。

しかし、三者は緊張関係だけで繋がっているわけではない。緊張とは逆の、弛緩した親和性によって、持ちつ持たれつ相互依存的に繋がっていることもある。体鳴楽器のトライアングルのような共振共鳴をなすこともある。作品と作者、作品と享受者、さらに作者と享受者の織りなす綜合的な関係というものも思慮しておかなくてはならない。

良寛はどのように享受されてきたか。基本は、作品と享受者にあることは言うまでもない。作品そのものが、どのように享受されたかということに尽きるだろう。漢詩、和歌、俳諧、書、この四つの表現芸術それぞれが、作品（テクスト）としてどのように鑑賞され批評されたか。そこがもっとも肝要なところである。

だが、享受者の関心が、作者と作品との関係、すなわち「人と作品」にあつまるのが良寛論の傾向と言えるだろう。作品の享受がそのまま作者への享受に結びつくのは、なにも良寛の場合に限ったことではない。芸術作品の多くは、作者への関心をともなうものである。すぐれた作品であればあるほど、あるいは多様な享受者を得た作品であればあるほど、作者への関心を強くすることはあるだろう。作品への関心度が作者への関心度となってゆくことは、しぜんなことである。良寛の作品を享受する者にとっても、作者である良寛その人を享受することが、関心事となることはしぜんである。

しかし、「人と作品」がパラレルに享受される場合はよいが、作品の享受をおろそかにして、もっぱら人への享受に傾くようになってしまうと、作品の自立を妨げることにもなりかねない。「人と作品」としての良寛論が、人物偏重の属人主義のなかに置かれないよう、心がけなければならない。たとえ論述される文章が、評伝の類いであっても、人に作品があれば、まず作品がテクストとして享受されることが基本である。言わずもがなのことながら、みずからへの前置きとして……。

良寛には「世の中」について詠んだ詩歌がたくさんある。「世の中」ということばは、世間や世俗と言いかえてよいし、漢詩や仏教の分野で言えば、人間（じんかん）とか三界（さんがい）ということばもある。良寛は、詩歌ぜんたいにわたって、「世の中」について語ることの多い作者である。「世の中」を語ることは同時に「私」を語ることでもあり、良寛の自意識が「世の中と私」という主題をかかえていたことがわかる。たとえば、和歌だけをみても、「世の中に……」「世の中の……」「世の中は……」「世の中を……」と初句から、「世の中」を呈示する作品がある。意識的というよりも、むしろ無意識のうちに「世の中」に触れている感じがする。いったい、良寛は、「世の中と私」をどのように捉えていたのだろうか。ここでは短歌三首をとりあげて、良寛における「世の中と私」という自意識の世界を考えてみたい。

世の中にまじらぬとにはあらねどもひとり遊びぞ我は勝れる

最晩年、木村家邸内に住んでいたころの作品である。「世間の人たちと付き合わないということはないが……」という、つぶやくような言い方は、身の置きどころについての微妙な心裡を伝えている。微妙な心裡はたぶん、「なんとなく」のような心持ちであろうか。世間が煩わしいとか嫌だとか、そういう感情ではないように思われる。強い感情ではないから、「とにはあらねども」という婉曲した言い方になってしまったのだろう。世間のほうになにか原因があるということではなく、作者じしんの気持ちのほうに小さな問題意識があったためではなかろうか。ささやかな問題意識の呈示は、一首の後半に明らかにされている。「ひとり遊びぞ我は勝れる」がその呈示である。謙虚に、かつ自負をもって「ひとり遊び」というみずからの問題意識を、ささやかな自意識として差しだしている。「勝れる」と詠まれていることから、「世の中」と「ひとり遊び」を比較しているようにも受けとられるが、一首をあらためて冒頭から読みすすめてみれば、「あらねども」という措辞によって、「世の中」と「ひとり遊び」を単純に比較したものではないことが理解される。ここに比較対象としての「世の中」はなく、あるのはただ、「ひとり遊び」という自意識の呈示のみである。つまり、「勝れる」は、「ひとり遊び」という自意識の確認された状態、すなわち、「独楽《どくらく》の自負」をひそかに宣言したことばとみることができるだろう。この「独楽《どくらく》の自負」には、いくぶん含羞の思いもこめられているように感じられる。

なお、この「ひとり遊び」の和歌には遺墨が存在する。それは画讃のかたちをなしており、画は、頭巾をかぶり行燈の下で正座して読書する良寛像である。良寛と親交のあった山田杜皐《とこう》の描いたものと伝えられている。良寛の自画自讃とする説もあるが、このような画と和歌の取りあわせは、贈答という交歓によって生まれたものと考えたい。杜皐の描いた良寛像への画讃(返し歌)として、即妙にしたためられた歌とみることができよう。歌合わせ、絵合わせと同じような「合わせ」の発想によって生まれた画讃と考えられる。

世の中に同じ心の人もがな草の庵に一夜語らむ

これは、五合庵に仮寓していたころの作とされる。わたしと同じような心の人がいたら、ぜひともこの五合庵でしみじみと語り明かしたい、という願望の歌である。「同じ心」を「同じような心」として、一般的・普遍的な気持ちとして捉えてみたが、禅や芸術に限定して「同じ心」ということになれば、「もがな」によって願望された「人」もまた、おのずから限定されてくることになるだろう。いずれにしても、先に挙げた歌の「ひとり遊び」とは対照的で、人恋しさの感じられる、やや感傷的な歌である。仮寓とはいえ良寛にとってこの五合庵は、帰郷以来一所不住の放浪を続けるなかで、ようやく定住に近いかたちのわび住まいをはじめた場所である。国上山の中腹に位置し、人里からは少しばかり遠いこともあって、不便を覚えずにはいられなかっただろう。よく言われるのは、隠遁の思い募って五合庵に入ったとか、あるいは禅的

冬の五合庵

生活に専心するために入ったとか、そういう確固たる動機である。

しかし、ここに挙げた短歌を読むかぎり、隠遁、隠棲、修行といったようなことは、背景として考えにくい。気づいてみればわび住まいだったというように、成りゆきまかせに近かったのではなかろうか。世間を遠ざけたり捨てたりしたわけではなく、環境が変わろうとも、変わることのない自己の思いが表白されているのである。流れるままにたどり着いた五合庵、気づいてみればわび住まいの不安がつのり、そうした不安がおのずから人恋しさの情を呼びよせたのである。

なお、この歌は、西行の〈山里にうき世いとはむ友もがなくやしく過ぎし昔かたらむ〉を本歌として詠まれたものである。良寛は本歌取りの作を多数残している。換骨奪胎をめざして果敢に本歌取りを行ったことは興味深い。両者の歌をくらべてみると、似て非なる点がみえてくる。西行が悔恨の情をあらわにしているのに対して、良寛は優しく融和的である。両者は世の中に対する見方が対照的である。西行の激しさは良寛にはない。両者はともに出家しているが、仏教観にもおそらく違いがみられることだろう。だが、良寛には、西行の対世間意識や仏教観に対してたとえ違和感をもつことはあっても、西行を先達の一人として強く意識し、敬愛の念をいだいていたことは確かである。おそらく良寛は、西行の歌を繰り返しくりかえし吟ずるうちに、その歌のモティーフと気息を自分じしんのものとしたのであろう。「……もがな……かたらむ」という修辞的構造が換骨奪胎され、良寛独自の新たなテクストとしてポジティブな人恋しさに転化していったのである。

世の中を厭《いと》ひはつとはなけれども慣れしよすがに日を送りつつ

五合庵での生活が体力的に難儀になった良寛は、還暦を迎えるころ、国上山の麓の乙子神社草庵へと移った。これはその乙子神社に仮寓していたころの作である。「世の中のことがすっかり嫌になってしまったというわけではないけれども、身も心も草庵暮らしに慣れ親しんでおりますので、なんとかその日その日を無事に送っています」というような意味の歌である。谷川敏朗の『校注良寛全歌集』によれば、小林与三右衛門という者が、乙子神社草庵での生活を心配して村里への移住を勧誘したとのことで、良寛に歌を贈ったとある。それは、〈世の中を厭《いとひ》てかかる山里の柴のとぼその楽しきや君〉という歌である。小林氏は、良寛が世間付き合いを煩わしく思っているために、草庵暮らしを続けていると考えたようだ。この小林氏の思いやりに応えたのが先の良寛の歌である。「楽しきや君」と反語的に問いかけられた良寛の応えは、「厭ひはつとはなけれども」である。相手の好意をきちんと受けとめつつ、自分の複雑な真意もよく伝えている。また、他人から見たら不自由で質素きわまりない草庵暮らしも、当方にとってみれば「慣れしよすが」というわけで、心配ご無用というわけである。相手の好意を、相手が傷つかないように、さりげなく躱《かわ》す。そういう躱し方には、贈答の妙と同時に、ことばに生きる歌人の面目も感じられる。

さて、「世の中と私」を詠んだ三首の歌をみてきたが、こうして詠まれた歌のなかに共通してみられることがあるとすれば、それはどのようなことであろうか。まず言えるのは、「世の中」を外部に置いていないということである。「世の中」と「私」とのあいだに垣根がない。物理的にも心理的にも、風は自由に吹いている。「世の中と私」というよりもむしろ、「世の中の私」というべきで、「世の中」の内部にいる「私」、あるいは、「私」の内部にある「世の中」が、良寛の「世の中」である。そもそも「世の中」は、この世の「中」のことで、内部をさしていることばである。しかし、こうした「世の中」に対して、たとえば西行をはじめとした歌人たちのあいだには、「世の中」を「憂き世」として心理的外部に置く傾向がみられるが、良寛は、厳しい草庵生活を過ごしながらも、「憂き世」概念によって「世の中」を外部として観取することのすくない歌人であった。むしろ、「世の中」というものが、そもそも内部の世界の真ん中にあることを、つねに肌身に感じていた人である。いまこの稿では、短歌三首のみをとりあげてそのことを考えてみたが、良寛における「世の中」がもっともよく表れているのは、じつは、遺墨として残された多くの書簡であり、書簡のなかの贈答歌である。たとえば、次のような書簡がある。

山田杜皐老　　良寛

今日赤人たまはり
うやくしく納受仕候
火とわれと（あれ《脱》ど《字》も）さむしすき間風
いづくもおなじ
おひ《ママ》らくの身は
　　良寛
十二月廿七日

谷川敏朗編『良寛の書簡集』によれば、「赤人」とは暖をとるための「炭」、または「酒」の比喩。四行目以降が礼状に添えた贈答歌であるが、「火とわれと」のあとに「あれども」が脱落している、と注釈する。脱字のある、ずいぶん無造作な歌であるが、この歌にさらっと表現された「いづくもおなじ」ということばには、無意識のうちに、「世の中」を自分の内部に棲まわせている包摂的共同意識をみることができる。老身にとって寒さがこたえることを、「世の中」の瑣事として、また、交歓の一事として、そのささやかな感情を、礼状に添えて詠みしるしおいたのである。

「世の中」を「俗」とみる宗教的観念によって、禅を学んだ良寛の生活および表現芸術に、脱俗意識や超俗意識をとらえようとする見方がある。生活のかなめをなす草庵暮らしを、隠棲、隠遁としてとらえる見方がある。良寛という人物に「聖」なるものを求めるあまり、「俗」なるものを遠ざける先入観。そこに脱俗的良寛像ができあがる。しかし、良寛の遺した詩歌や書簡や遺墨を湊合《そうごう》して鑑賞すれば、良寛における「俗」は、宗教的観念によった「俗」とはあきらかに異なるものである。「世の中」を「俗」「俗世」「うき世」とみるような宗教的観念に良寛は縛られていないし、より生活的、感覚的、現実的な「世の中」に生きた良寛像がみえてくる。「ひとり遊び」が好きで、「慣れしよすが」によって暮らした草庵。そこもまた、良寛にとっては「世の中」であった。

9　「乞食」考

僧を比丘《びく》とも言う。尼僧は比丘尼《びくに》。梵語の bhiksu、bhiksuni を音写したこの比丘、比丘尼は元来、食を乞う者を意味する仏教語（梵語）であった。したがって、僧とは食を乞うことを基本的身上とする行者であった。仏門に帰依した者は、この身上を保守することによって僧と称されるのが本来であった。

しかしながら今日、食を乞う僧（比丘・比丘尼）のほとんど絶えてしまったことは、これを進歩と言うべきか退歩と言うべきか。経済活動を絶ち、乞食《こつじき》に徹底する者は、もはや宗門の内側にはいない。

十字街頭乞食了　　十字街頭に食を乞ひ了《お》はり、
八幡宮辺方徘徊　　八幡宮の辺りを方《まさ》に徘徊す。

児童相見共相語　　　　児童相見て共に相語るらく、
去年痴僧今又来　　　　去年の痴僧今また来《きた》ると。

「乞食」と題した七言絶句。五合庵時期の作である。どこの八幡宮かは不明である。一説には、三条の八幡宮ではないかと言われている。だとすれば、五合庵から片道二〇キロ余り。かなりの遠出である。一日がかりの乞食である。

遠出の可能性、つまり三条の八幡宮である可能性は高いように思われる。なぜなら、結句を読むとこの八幡宮を乞食したのが久しぶりであることや、子どもたちが「痴僧」と見ているとからも、遠出の乞食が想像される。「痴僧」とは風変わりな坊さん、というような意味あいだろう。子どもたちの訝しげな視線を受けて、みずからを「痴僧」とカリカチュアライズしたのではなかろうか。

この漢詩にみられるように、良寛の初期五合庵期は、乞食に懸命な様子が窺える。たまたま仮寓を与えられたものの、生活の糧を得る手立ては乞食に頼らざるを得なかった。無意識のうちに、西国放浪の続きをしばらく生きていたのではなかろうか。「食を乞ひ了はり」ながらも、なお「方に徘徊す」とあるのは、円通寺を出て以来の、身についた放浪癖なのかもしれない。

次の漢詩は「托鉢」と題した作。托鉢とは、修行中の僧尼が経文を唱えながら家々の門戸に立ち、施与される米や銭を鉢に受けて廻ること。本義は乞食と同じである。乞食と托鉢は同義であるが、措辞のニュアンスは異なる。良寛は乞食、托鉢の両方を使用しているが、より強く仏道修行の意味を込める場合、托鉢を使用する傾向がみられる。対して、乞食（食を乞う）のほうは、露命をつなぐための行為そのものとして、リアルな生活実感の表白として措辞されている。この漢詩「托鉢」は、全二十一句（行）からなる不定形な作品である。

八月初一日
托鉢入市鄽
白雲従高歩
金風揺玉環
万戸千門味旦開
脩竹芭蕉入画看
次第乞食西又東
酒肆魚行什麼論
直視何啻刀山摧
緩歩須知鑊湯乾

八月初めの一日《ついたち》、
托鉢して市鄽《してん》に入る。
白雲高歩に従ひ、
金風玉環《ぎょくくわん》を揺がす。
万戸千門味旦《まいたん》に開き、
脩竹芭蕉画に入れて看る。
次第に食《じき》を乞ふ西また東、
酒肆魚行なにをか論ぜむ。
直視《じきし》すれば何ぞただに刀山の摧《くだ》くのみならんや。
緩歩すれば須《すべか》らく鑊湯《かくとう》の乾くを知るべし。

浄飯王子曽消息
金色頭陀親受伝
親受伝爾来
二千七百有余年
我兮亦是釈氏子
一衣一鉢迴灑然
君不見
浄名老人曽有道
於食等者法亦然
直下恁麼薦取去
誰能兀兀到驢年

浄飯《じやうぼん》王子曽《かつ》て消息し、
金色の頭陀《づだ》親しく伝を受く。
親しく伝を受けてより爾来、
二千七百有余年。
我もまたこれ釈氏の子、
一衣《いちえ》一鉢《いっぱつ》迴《はる》かに灑然《さいぜん》たり。
君見ずや、
浄名老人曽て道《い》へるあり、
食において等しきは法もまた然りと。
直下《じきげ》恁麼《いんも》に薦取《せんしゅ》し去らむ。
誰か能《よ》く兀兀《ごつごつ》として驢年に到らむ。

五言四句の絶句形式（Ⅰ節）で始まり、七言六句（Ⅱ節）から不完全な七言六句（Ⅲ節）へと転じ、「君不見」の三言の反語的問いを挟んで、最後は七言の絶句形式（Ⅳ節）で結ばれている。まったく不定形な作品だが、全体の構成は、Ⅰ節〜Ⅳ節からなる起承転結を踏まえている。緩急自在で、漢詩のルールを逸脱しながらも、いや、逸脱したからこそ、じつに個性的な作品である。こういう自由さは良寛独自のものだ。

漢詩特有の用語、および仏教用語の解釈も含めて、以下、散文的な意訳を試みる。

【Ⅰ節】

陰暦八月初めの今日、托鉢をして店の立ち並ぶ街中に入っていった。一片の白雲が世俗の思いを忘れて歩く私の後から、友だちのようについてくる。ひんやりとした秋風が手に持つ錫杖の金環を時おり揺るがす。

【Ⅱ節】

どこの家も朝早くから戸を開けている。屋敷の庭に配された竹や芭蕉の姿は、まるで絵でも見るようだ。西に東に、次から次へと托鉢をして廻る。酒屋でも魚屋でもどこでもかまわず托鉢する。ひたすら仏法を念じて托鉢して行けば、地獄の剣の山でさえ法の力によって崩れてしまうだろう。また、一歩一歩ゆっくり仏法に従って托鉢して行けば、地獄の釜の煮えたぎる熱湯だって乾いてしまうだろう。

【Ⅲ節】

托鉢という修行は、釈迦（浄飯王子）がその真髄を示し、弟子の迦葉がこれを大事に受け継いだのであった。そして、迦葉が受け継いでから、現在まで二千七百年余りが過ぎた。私も釈尊の弟子の一人である。だから、わずかに一枚の僧衣をまとい、この一箇の托鉢の鉢さえあれば、じつに悠々とさっぱりとしたものだ。

【Ⅳ節】

あなたもよく知っているであろう。あの在家の弟子であった維摩詰（浄名老人）が語った「托鉢をして、豊かな人からも貧しい人からも同じように喜捨を受けること、それゆえに仏法もまた、平等に示されることになるのだ。」ということばを。よくその意味を理解していれば、さあ、維摩詰のことば通りに托鉢しようではないか。心の定まらない迷妄のまま、無駄に時を過ごすことがあってはなるまい。

托鉢をどのように考え、また実践していたか。托鉢の原理に遡りながら、その言行は一般論でも観念論でもなく、あくまでも良寛個人の内面的宗教観として表出されている。食を乞う托鉢こそが、唯一、アイデンティティであるかのように、緊迫したリズムとともに表出されているのである。

後年、地元富裕層の諸家が庇護者となって、良寛の生活を支えたことは周知のとおりである。渡部家、山田家、解良家、木村家等々、衣食住にわたって世話をしてくれる名家があった。米も魚も衣類も住まいも、最低限度の物資が、こうした家々によって保証されていたのである。

しかし、そうなるまでの間は、食うや食わずの生活であり、文字通り懸命になって食を乞わねば生きてゆくことのできぬ身の上であった。掲出した漢詩より詩句を引けば、「次第に食を乞ふ、西また東、酒肆魚行、なにをか論ぜむ。」の箇所が、その生活の切実さをよく物語っている。まず何よりも、日々の糧を得る乞食が、生活の要を占めていたのである。

そうした食を乞う厳しい現実のなかにあって、食を乞うことの本質を見失うまいとしたのが、ここに掲げた漢詩「托鉢」の主題ではなかろうか。仏法すなわち、仏陀の教えを「直視」し、その教えに従って「緩歩」することは、托鉢すなわち乞食をすること以外にない、と彼は確信するのである。これは形式的な信仰ではない。体験的な信仰である。乞食、托鉢が仏法そのものであるというラディカルな理会である。「我もまた、これ釈氏の子、一衣一鉢、迥かに灑然たり。」と断言し、信念するのは、そのラディカルな理会の上に立った矜恃にほかならない。

また、この漢詩のなかには、見逃してはならない、もうひとつ重要な乞食に対する理会が示されている。「君見ずや」と、反語的問いを発した後の箇所。それは与える者と与えられる者との原理的な関係についてである。乞食、托鉢が一方向の関係ではなく、双方向の仏法的恩恵であるという理会である。これこそまさにラディカルな理会である。浄名老人（維摩詰）のことば、「食において等しきは、法もまた然りと。」によって、その平等互恵の仏法原理が端的明快に示されていることを、良寛は強調する。「君見ずや」は言うまでもなく自問自答である。

私は意訳を、「托鉢をして、豊かな人からも貧しい人からも同じように喜捨を受けること、それゆえに仏法もまた、平等に示されることになるのだ。」としてみたが、もっと的確でわかりやすい通釈もあるだろう。いろいろな通釈の仕方はあるだろうけれども、「於食等者法亦然」の句のなかの一語、「等」に込められた意味こそは、仏教の根本思想と言っても過言ではあるまい。誰からも平等に喜捨を受けること、それは翻って、誰にでも平等に贈与することになるという双方向の原理である。

余談になるが、私は子どものころ、乞食を目撃した記憶がある。小学生の頃で、昭和三十年代だったと思う。襤褸をまとった乞食が、村内をゆっくり通り過ぎてゆくのである。男は髪も鬚も伸び放題で、肩にも腰にもがらくたのような荷物を括り付けていた。左右前後にぐらりぐらりと揺れるように歩いてゆく姿はなんとも言えぬ不思議な光景であった。子ども心に、「あの人は誰だろう」という素朴な疑問を抱いていた。その男を秘かに畏怖してもいた。

私たちの地域は稲作も畑作も盛んな農村部であった。専業農家の多い、のんびりした昔ながらの風土の息づく地域であった。子どもはみんな原っぱで遊びほうけた。農家の庭先は広々として、鶏が放し飼いになっていた。私の家もそうした農家の一軒であった。

あるとき、あの乞食が私の家の門口に立っていた。庭先で仕事をしていた母がその乞食に気がつくと、母は、さっと一瞥目礼して腰をあげ、その乞食の男を促すように玄関のほうに歩みだした。土間に入るとまもなく笊《ざる》をもった母が玄関先に立っていた。向かい合わせに乞食も立っていた。笊のなかのお米は、乞食の持つ布袋のなかにざぁーっと吸い込まれていった。母は手を合わせている。乞食は深々と頭を下げる。頭を下げたまま、その前屈みの姿勢のまま、乞食は門口の彼方に消えて行った。

この光景を、なぜか私は今でもよく思い出す。また同時に「マレビト」ということばも、最近考える。民俗学的なことはまったく不勉強だが、柳田國男や折口信夫の文章に触れることがある。「マレビト」「ホカヒビト」「ホイト」などについて、関心を寄せる。

乞食が、仏教の原初的思想の顕在化したものであることを、私は知っている。だから、良寛の乞食も、私が子どものころ目撃した乞食も、そうした仏教的視点で捉えてきた。単なる「モノモラヒ」ではなく、乞食に意味があるとすれば、仏法的恩恵であると捉えてきた。たぶん、母もそうだったのではないか。

「乞食」(「和漢三才図会」より)

だが、「マレビト」ということばに思いが及ぶとき、宗教以前の民俗のなかに、乞食(食を乞う者)の祖型を求めた柳田國男や折口信夫の考察に、関心を強めるようになった。乞食が僧侶だけの行いではない、という歴史的な実態のほうから考えてみたいと思うようになった。乞食を、托鉢や行乞という宗教側から捉えるだけでよいのだろうか、と素朴に考えるようになった。

霞立つ永き春日に
飯乞ふと里にい行けば
里子供今は春べとうち群れて
み寺の門に手毬つく
飯は乞はずてそが中に
うちもまぢりぬその中に
一二三四五六七
汝は歌ひ我はつき
我は歌ひ汝はつき
つきて歌ひて
霞立つ永き春日を
暮らしつるかも

乙子神社時期に詠んだ長歌である。韻律に基づき、表記スタイルを近代詩風の行分けにしてみた。「手毬良寛」として人口に膾炙されたのは、こうした作品が広く知られるようになったからである。同工異曲の短歌も漢詩も何首かある。また、手毬に関する逸話も多い。最晩年の貞心尼との交流も、手毬がきっかけとなっている。

この時期の良寛は、托鉢にいそしむばかりではなく、故郷の人々との交流を深め、村里の子どもたちとも盛んに遊んでいる。帰郷当時の張りつめた容貌は消え失せ、悠揚とした様子がみられる。庇護してくれる者も現れ、生活も安定していたようだ。彼の将来を心配し、何度か寺持ちになることも進められたようであるが、宗門はもともと望むところではなく、草庵を好み、托鉢を好んだ。

この長歌、子どもたちと遊び戯れることに主題が置かれているが、その遊戯が、托鉢をもってしても代えがたいものであるところに、私は注目する。「飯乞ふと里にい行けば」とあるように、托鉢は、日々最優先の行いである。托鉢なくして彼の一日は成立しない。にもかかわらず、「飯は乞はずてそが中に」と、托鉢を後回しにして遊戯に耽る。

なぜ遊戯が最優先なのか。子どもが好きだからという理由は、たしかに間違ってはいない。自分の息子は煩わしくとも、孫はなぜか可愛いものだ。それと同じように、村里の子どもたちが可愛くてしかたがなかったのではなかろうか。老人と子どもは古来、まことに相性のいいものだ。

だが、彼が遊戯に耽ったのは、そればかりではないような気がする。彼が没頭する遊戯も托鉢も、子どもへの慈しみばかりではなく、もっと深層の、本質に関わることに根拠がありはしまいか。もしかしたら何かの代償行為か、さもなくばレーゾンデートルか。実存的な根拠が、托鉢にも遊戯にも、あるいは草庵にも書にも、和歌にも漢詩にも、彼のすべてに共通して存在するのではないか。

ただ一つのことを、これこそが最優先というのではなく、あるときは書であり、またあるときは遊戯を最優先に没入するというような、個有時のなかに秘められた実存的な根拠。遊戯に托鉢に、また、書に和歌に漢詩に草庵に、自在に変奏され没入してゆく彼のライフスタイルの深奥にあるものは、いったい何なのか。

私はなぜか、「マレビト」ということばに突き当たる。「巡遊伶人」ということばに突き当たる。いずれも折口信夫が「古代研究」によって考察した民俗学上のことばである。その深い民俗学的な意味や歴史的背景を理解することは容易ではないが、ひとまず私なりの解読を前提として仮説すれば、良寛という存在は、「マレビト」の系譜において捉え直すことができるのではなかろうか。折口信夫は「国文学の発生　第二稿」のなかで次のように論じている。


人の厭ふ業病をかつたいといふ事は、傍居《カタヰ》の意味なる乞食から出たとするのがまづ定論である。さすれば、三百年以来、おなじ病人を、ものよしと言ひ来つた理由も、訣る事である。ものよしなる賤業の者に、さうした患者が多かつたか、又は、単に乞食病ひと言ふ位の卑しめを含ませたものとも思はれる。ものよしが、近代風の乞食者となるまでには古い意味の乞食者、即、浮浪祝言師――巡遊伶人――の過程を履んで来て居る事が思はれる。

(「巡遊伶人の生活　一　祝言職」より)

傍線が何カ所かあるが、原文のままである。折口はここで、「かったい」「ものよし」の語句に傍線をほどこしているが、和語に漢字を当ててしまうと漢字の持つ意味によって限定的となり、言語（和語）の発生に関わる背景が見えがたくなってしまう、と考えたからではあるまいか。

「ものよし」について広辞苑を引くと、漢字表記を「物吉」とし、語義として、「①めでたいこと。②祝い詞や雑芸をもって門に立ち、物乞いする者。③癩病（ハンセン病）。また、その乞食」を挙げている。三つの語義は折口の論にほぼ照応する。折口が着目した「浮浪祝言師――巡遊伶人」は、広辞苑の語義でみれば②に当たる。そして、その「浮浪祝言師――巡遊伶人」は、おそらく、「マレビト」に遡ることができるだろう。

私が、良寛を「マレビト」とみたのは、この「浮浪祝言師――巡遊伶人」に拠っている。良寛を私は、よき「祝言師」であり、またよき「伶人」であったと考えて仮説するのである。「伶人」とは、音楽を奏でる者のこと。広義に捉えれば、文芸も雑芸も「伶人」の業《わざ》。先に掲げた長歌も然り。手毬に遊ぶ忘我の個人感情を歌っていながら、同時にそれが、里人への祝詞にさえなっていることを、私は想いみる。祝詞は「マレビト」のよくする業であり、「伶人」のよくする業でもある。「汝は歌ひ我はつき　我は歌ひ汝はつき」と循環する手毬唄は、もはや個人感情を超え、和讃となって村里に響き渡ったのではなかろうか。

遊戯の人、乞食（托鉢）の人、そうして伶人である良寛は、世間の眼からみれば、非生産的な無用の人物でしかなかった。だが、無用であるがゆえに彼は、「マレビト」の座に奉られたのではなかったか。彼を庇護する者たちは、無意識のうちに無用の用ということを学んでしまっていたのかもしれない。

結びに、山折哲雄の『乞食の精神史』から引用して、この拙稿を閉じたい。私の良寛像は、この著書をはじめとして山折哲雄の民俗論、宗教論に多く影響を受けている。

われわれはここで、ただ物をもらうだけの乞食、という問題にぶつかる。それは、一時的に訪れてくる偶然的な乞食のことではない。地域との黙契にもとづき、定期的かつ永続的に反復される袖乞慣行における乞食のことである。そのような、いわば最低の契約条件をすら無化するような一方的な請求の行為が、いったいどういう理由にもとづいて可能となったのであろうか。それはわれわれの眼前に立ちはだかる、ほとんど理不尽なアポリアのようにもみえる。だが、考えてみればこのアポリアはたんなる見せかけのものでしかないのかもしれない。

なぜならば、もともと乞食という存在自体が反対給付の具現化であったと考えられないこともないからである。乞食は何らかの外化される反対給付を他者に送りとどける発信器であるのではなく、むしろそれ自体が反対給付の受肉としての発信源であったということである。そこではいわば乞食という存在が即自的に恵み手（＝救済者）となる逆説が成立しているのであり、そうした場合その「乞食」に対向している側は、その恵み手から目に見えない何物か——たとえば「無」という幻想された至福——を受けとる乞食へとその地位を逆転させることになるだろう。

（「第二章　乞食の祖型　一　裸形の袖乞い——牛首の人びと」より）

この文章を目にするまでは、良寛の乞食（托鉢）について、正直、一方向にしか捉えることができなかった。たとえば貴種流離の変奏として、また、捨聖の布施行というふうに。たとえ、双方向に考えることができても、単純な相互扶助のような関係にしか見えなかった。目からウロコというべきか。乞食が与える側に転位し、与える側が乞食に転位するという地位の逆転。否、地位の湊合と無化というべきか。こうした深い考察を、私は畏敬の念をもって肯う者である。

10　歩けば、良寛

犬棒かるたでおなじみの、「犬も歩けば棒に当たる」ということわざ、「棒に当たる」は、棒で叩かれること。したがって原義は、人も、犬と同じように余計なところに出かけたりすれば災難に出くわす、というネガティブな意味であったそうだ。犬の放し飼いが普通だったころは、うろつく犬がいて困っていたのかもしれない。迷惑犬は叩かれる。人を迷惑犬になぞらえ、処世訓として用いられるようになったことわざのようだ。

しかし、いつのころからか、「棒」の意味が、災難ではなく幸運や転機ということになり、こんにちでは、ただ何もしないでいるよりも、行動を起こせば必ずなんらかの益を得ることができる、というポジティブな意味で使用されるようになっている。時代とともにことばの意味も変遷する。生活環境の変化はことばにも影響する。まさに、ことばは生き物だ。

さて、昨今は死語のようになってしまったこの「犬も歩けば棒に当たる」だが、私にとっては、ある人物について考えるとき、必要不可欠のアイテムとなっている。気になる人物は、気になるアイテムとともに想起される。すべてのものは、その一つひとつが、名前によってイメージされるように、「犬も歩けば棒に当たる」ということばは、私にとって、良寛をイメージするキーワードのようなものだ。

黄鳥何関関　　黄鳥何ぞ関関たる。
麗日正遅遅　　麗日正に遅々たり。
端座高堂上　　端座す高堂の上。
春心自不持　　春心自ずから持《たも》たれず、
携彼嚢与錫　　彼の嚢と錫とを携へ、
騰騰随道之　　騰々として道に随つて之かん。

「黄鳥」はうぐいすのこと。春の訪れを告げるうぐいすが鳴き始めると、良寛の心は落ち着きを失う。もう居ても立ってもいられない。長い冬のあいだ行くことのできなかったあちらにもこちらにも、托鉢に出かけたくなるのである。「騰々として」は、良寛の好んで使う用語であり、ゆったりと心の赴くままに托鉢をする良寛像が思いうかぶ。托鉢はほんらい修行僧の行いだから、備中の国、玉島の円通寺で修行を終え、「印可の偈」を授かった彼の身の上からすれば、托鉢はすでに卒業したはずの行いである。僧門一般の常識、慣行からすれば良寛の托鉢姿は、近在の人たちの目に、帰国当初は異相に見えたにちがいない。しかし、人目もだんだんと馴れてゆくものだ。良寛の托鉢姿は、やがて越後の農村風景のなかに融合する。

托鉢の目的は修行である。ほんらいの目的は座禅や読経と同じように修行である。だが、托鉢には修行という宗教的目的に付随する実用的な目的も存在する。托鉢を乞食と別称するのは、その実用面を直裁に言い得ていよう。どんな人間でも、食は生存にかかわる重要事だ。麺麭《パン》のみに生くるにあらず、とはいえ、まず人間は食糧確保のための努力をする生き物だ。みずからの手でその確保が困難な者は、相互扶助の智恵によって食糧を確保し、生存を維持する。

良寛の托鉢を考えると、宗教的目的や生活の糧を得るための実用的な目的もさることながら、この二つ以外の目的がありそうだ。いや、それは目的というような明確なものではないかもしれず、むしろ無目的なものであり、たぶん、無意識の領域に属することなのかもしれない。引用した漢詩の〈読み〉で言えば、四行目の「春心自ずから持たれず」には、やみがたく托鉢へと誘われゆく良寛の心情が吐露されていて、興味深い箇所だ。良寛の詩歌には、こうした意識のざわめきが、各行、各句の流れに沿って、とてもしぜんに息づいている。

この、ざわっとした感情の発露と托鉢という行為。こうした感情と行為の織りなすざわめきに、私は良寛の魅力を感じるようになったのであるが、そのきっかけとなったのが、先述したことわざ、「犬も歩けば棒に当たる」なのである。「犬」を良寛に、否、良寛を「犬」になぞらえるなど言語道断のこと。良寛讃仰者から面罵されるかもしれないが、私の哀しきアナロジーは、「人も歩けば棒に当たる」をさらに換骨奪胎して、「良寛も歩けば棒に当たる」というところに逢着したのである。

このことわざのポイントが「棒に当たる」にあることは、先に申し上げたとおりであるが、もうひとつ重要ではないかもしれないポイントがあることを蛇足する。このことわざはもともとは文語だったのではないか、という素朴な疑問。つまり文語だとすれば、「歩けば」の意味は、歩いたので、という既遂の行為になるわけで、良寛には、この既遂の「歩けば」がふさわしいのではないか、というのが私の持論である。歩く良寛、すなわち托鉢良寛を考えたとき、「もしも」などという未遂は絶対にありえないからである。結果、ネガティブにしろポジティブにしろ、良寛は間違いなく歩いた人である。

行くさ来さ見れどもあかぬ岩室の田中に立てる一つ松の木

行きたくなったら行くまでのこと。そこに松の木が待っているから。往き来の道すがら、松の木を見ながら歩く。昨日も今日も明後日も、松の木はそこに立っている。同じ松の木だが、今日の松の木は昨日の松の木ではないような気もする。昨日の自分が今日の自分と少しだけ違うように。だから、歩くことは新陳代謝でもある。生物学者・福岡伸一が言うところの「動的平衡」は、歩く行為によく似ている感じがする。人間、歩くことで「動的平衡」を保っているのではないだろうか。生きとし生けるものたちの「動的平衡」という営みには、私たちがふだん忘れている摂理があるように思う。

飯乞ふと来《こ》しくも著《しる》くこの園の梅の盛りに逢ひにけるかも

托鉢の道すがら、梅がいっぱい咲いている庭を見て詠んだ歌。結句「逢ひにけるかも」に、梅花の盛りに出遭った歓びがあふれている。「飯乞ふと来しくも」は、「托鉢にやって来たので」と現代語訳できるが、それではただの直訳、「も」の強意が生かされていない。「こうして毎日托鉢しているからこそ、その甲斐あって」と、意訳するほうがよいかもしれない。一本松に逢えるのも、梅花に逢えるのも、托鉢の副産物である。この副産物を良寛は楽しんでいるのだ。

良寛は托鉢の人であった。その生涯を托鉢に生きた人と言って過言ではなかろう。仏陀が歩いたように、常不軽菩薩が歩いたように、彼は仏法を胸裏に保存しながら歩き続けた一修行僧である。だが、修行のためだけに歩いた人ではない。「飯を乞ふ」托鉢という行いとともに、彼は四季折々の風景のなかに、身も心も没入してゆく人であった。

また、「歩けば棒に当たる」ように、行く先々において老若男女に出合い、また、子どもたちに出合うことを楽しむ人であった。庶民の生活に触れ、庶民の生活感情との接点を求める人であった。渇けば歩く、歩けば渇く。彼の心は、いつも泉を求めていたように思う。

故旧信難忘　　故旧信《まこと》に忘れ難く、
田家聊寄錫　　家《か》に聊《いささ》か錫を寄す。
緑樹烟雨中　　緑樹は烟雨《えんう》の中、
欲燃赤芍薬　　燃えんと欲す赤き芍薬。

これは、「竹丘老人を訪ふ」と題した詩である。故旧忘じがたく、昔なじみの友を訪ねたときの作品である。竹丘老人は、分水町竹が花に住まいし、良寛より五つほど年下の人であった。詩歌や国学に明るい人で、最晩年の良寛にとってかけがえのない友人であった。詩や歌を想い、心に渇きを覚えるとき、この老人を訪ねたものと思われる。「〇〇老人」という呼称は、「〇〇老」に同じく敬称であろう。齢の上下を問わず相手を敬う気持ちである。長幼の序などとはわけの違うリスペクトだ。

会ってなにを話したかは分からない。二人で歓談したことだけは確かだ。気心の知れた間柄には、あんがい沈黙がふさわしい。会いに行くこと、それだけが目的なのかもしれない。

「田家に、聊か錫を寄す。」という簡略さ。相手の顔を見ればそれだけで充たされる。訪ねること、それだけで充分なのかもしれない。

加えて、この訪れにも副産物があった。歩けばそこに目的以外のなにかがある。思わぬ光景に遭遇する。この詩の場合それは、「緑樹は、烟雨の中、燃えんと欲す、赤き芍薬。」であった。雨の中に真っ赤な芍薬が咲いていた。老身の眼に、この真っ赤な芍薬はどう映ったのであろうか。托鉢のことなどはもうすっかり忘れて、その芍薬に観入したのではないか。

雨の中に良寛の歩く姿が浮かぶとき、私は中島らものエッセイを思い出す。らもさんは、こんなふうに書いている。

一人の人間の一日には、必ず一人、「その日の天使」がついている。

その天使は、日によって様々の容姿をもって現れる。

少女であったり、子供であったり、酔っ払いであったり、警官であったり、生まれてすぐに死んでしまった犬の子であったり。

心・技・体ともに絶好調のときには、これらの天使は、人には見えないもののようだ。

逆に、絶望的な気分に落ちているときには、この天使が一日に一人だけ、さしつかわされていることに、よく気づく。

（『恋は底ぢから』集英社文庫より）

孤独であった。それゆえに渇く。渇けば歩く。托鉢をする。竹丘老人も子どもたちも農夫も松の木も、「その日の天使」だったのかもしれない。また、あるときには、良寛その人が「その日の天使」だったのかもしれない。

11 「災難に逢時節」という思想

『日本書紀』『続日本紀』等の歴史書によれば、奈良・平安時代に疱瘡がたびたび流行したことが読みとれる。疱瘡は天然痘、痘瘡とも呼称される疫病で、古代の歴史書に「疫瘡」「豌豆瘡」「裳瘡」「皰瘡」と表記されているものは、この疱瘡（天然痘）にまず間違いない。単に「疫」「疾疫」と記されている場合も、前後の文脈から、疱瘡と判断される記事も少なくない。

この地球の、どこにいつ疱瘡のウィルスが発生したのか、諸説あるが定かではない。日本に疱瘡が流入した時期も明確ではないが、大陸との往来が盛んになった頃と推定されている。九州地方、京畿地方からまず流入し、時を経て日本列島全体に伝播したものと考えられてきた。大陸からの文化の伝播の仕方とほぼ同様である。

平安時代約四百年の間に即位した天皇は、桓武天皇から安徳天皇まで三十二人。このうち、疱瘡に罹患した天皇は十三人と伝えられている。その中の一人、平安中期第六十五代花山天皇は疱瘡により死去しているが、他の十二人は幸い治癒している。それにしても高い罹患率である。疱瘡をはじめとして、当時の疫病（流行病《はやりやまい》）は「貴より賤に及ぶ」と言われたそうであるが、この天皇たちの罹患率をみれば一応納得がいく。貴賤の別なく伝染するウィルスが、貴（貴族階級）の方から広まっていったという資料（データ）はないものの、貴（貴族階級）と賤（庶民階級）の生活環境の違いに原因がありそうだということに、人々は薄々気づいていたのかもしれない。大陸との濃厚接触者から伝播したことを直感していたのだろう。

「貴より賤に及ぶ」とされた疱瘡は、やがて貴賤一様に伝染するようになってゆく。疱瘡のウィルスは感染力が強く、列島のあちらこちらで流行するようになっていった。もはや貴も賤もなく誰しもが罹患するようになった。江戸時代になると、いずれかの地で毎年のように流行した。手を尽くして運良く治癒しないこともないが、重症化して死亡する者も多かった。特に、小児が罹患すると、七十五％は死亡するという怖ろしい悪疫であった。

越後蒲原地方にも流行した。何度もこの悪疫は猛威をふるったようであり、文政元年から三年にかけて流行した時のことを良寛は、西蒲原郡分水に住む原田有則・正貞父子に宛てた書簡にしたためている。原田家は医業を行う地元の名家であった。父有則は鵲斎と号し、詩歌に優れた文人でもあった。良寛との親交も深かった人である。

原田父子に疱瘡に関する書簡を送ったのは、原田家に疱瘡で亡くなった小児がいたからである。父、原田有則は子どもを四人疱瘡で亡くしたという。子を亡くした親の気持ちを慰めるために、また、幼くして兄弟姉妹を相次いで失った正貞を慰めるために、良寛は筆を執ったのである。父子それぞれに慰謝のことばを送ったのは、原田家との繋がりもあるけれども、他者の痛みに膚接する深い思いがあったからにほかなるまい。

次に掲げる書簡は、息子、正貞宛てになっているものである。書簡には文章と和歌二首がしたためられている。文章は、和歌を詠むに当たって述べる詞書きの形式になっているので、以下、この書簡の文章を詞書きとしておく。和歌二首はおのずから挽歌として詠まれている。まず、詞書き全文を引用する。

> 人の国には有もやすらむ知らず　此の国には疱瘡の神とて　七年に一たび国巡りすといふ怪しのもの有りて　幼きものを悩ましける　今年は異年にも似ず病める者の生けるはなし辛ふじて生けるは　鬼の面となる　故子持てる者は人の心地せず　日ごとに野に送る柩を数ふれば　大指もそこなひつべし　この頃その病ふにておさな児を失ひし人の許より　そこそこの誂ひ物とて自らのも持たせおこせたりし人なむ　そのおさな児の兄にてありけるさてすへ《ママ》の残りしはいかにと言へば　これも同じ病にて一昨日空しくなりにたりと言ふを聞きて　親の許へ詠みてつかはしける

この詞書きを読んで不思議に思うことは、原田家の疱瘡に触れていない点である。慰謝の思いによって書かれたものであれば、何よりもまず、原田家に起きた疱瘡の悲惨に触れてしかるべきであろう。にもかかわらず触れなかったのはなぜか。

述べていることは、「此の国」（越後地方）の今年の流行について、いつもの年よりも死者の数が多いこと。また、最近、幼い弟を亡くした兄から良寛のもとに頼まれ物があったこと。その兄弟の末の子も疱瘡で亡くなってしまったこと。最後に、相次いで子どもを亡くしたその親のもとに、さっそく挽歌二首を送ったこと。以上四点が詞書きの内容である。

原田家にとっては、まるで他人事のような内容ではなかろうか。慰めになっていないのではないか、とさえ思えてくる。他者の痛みに膚接する深い思いなどあるのだろうか。疱瘡に関する情況論や一般論ではなく、個別具体的な、原田家に特化した疱瘡の悲惨に同情し、慰謝すべきではなかろうか。このように感じる人もあるかもしれない。

だが、良寛の慰め方は、時によってこの詞書きのように坦々とした語り口による場合がある。特に晩年の良寛は、安易な同情心に倚らず、目の前の事態に冷静に向き合うのである。事態が深刻であればあるほど彼は冷静になるのである。坦々としているように見えるのは、その冷静さの証しであって薄情さではない。他者の痛みに膚接する深い思いを沈潜させているのである。

ところで、疱瘡の流行から約十年後、文政十一年十一月十二日、三条大地震があったときに発した良寛のことばは有名であるが、これも彼の冷静さの証しとなるものであろう。山田杜皐

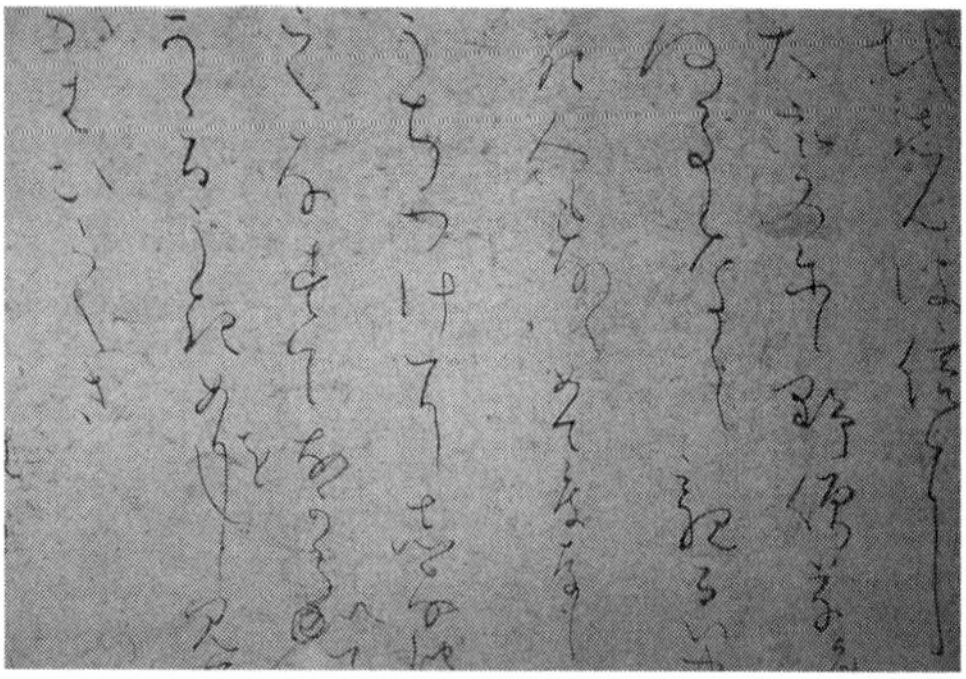

山田杜皐宛書簡「地しんは信に……」

に宛てた書簡のなかに、その人口に膾炙されたことばはある。書簡はずいぶんあっさりとした見舞い状であり、その坦々とした口調は、先の疱瘡見舞いのものと基本的に変わらない。和歌一首を含むその書簡の文面を引用する。

地しんは信に大変に候　野僧草庵ハ何事なく　親類中　死人もなく　めで度存候
うちつけにしなばしなずてながらへてかゝるうきめをみるがわびしさ
しかし　災難に逢時節には　災難に逢がよく候　死ぬ時節には　死ぬがよく候　是ハこれ災難をのがるゝ妙法にて候　かしこ

有名になったことばは「災難に逢時節には　災難に逢がよく候　死ぬ時節には　死ぬがよく候　是ハこれ災難をのがるゝ妙法にて候」である。いつの頃からこのことばが注目されるようになったのか私は知らないが、ごく最近のことで言えば、二〇一一年に発生した東日本大震災の際、新聞、雑誌等でこのことばの引用されているのを散見した記憶がある。震災直後ではなく、風評被害なども起こり、この大震災の悲惨な事態に対して人々が動揺し混乱していた時だったように記憶する。

この大震災は津波による原発事故を引き起こし、周知の通りこれまでにない重大な被害をもたらした。さまざまな混乱は、震災それ自体よりも、人災とも言えるこの原発事故によるものであった。放射能による汚染被害は今日もなお続いている。

「災難に逢時節には云々」ということばは、人々の混乱した精神状態を一時的に沈静させるのに役立ったかもしれないが、当時私は、何となく違和感を覚えたものである。災難に遭うのは仕方のないこと、災難に遭って死ぬのも仕方のないこと。そういう運命論には首肯しがたいものを覚えたのであった。つまり、安易な諦めの気持ちに繋がりはしまいか。原発事故の人災的側面をうやむやにしてしまうのではないか。現実を直視せず思考停止に陥るのではないか。人々の不安に乗じて政治権力の導入を招きやすくしてしまうのではないか。ミシェル・フーコーの言う「生権力（規律権力）」による自己統制が始まるのではないか。そうしたさまざまな懸念が頭をかすめたのであった。

その後私は、そのことばの真意が何であったのかをしばしば考えるようになった。いや正確に言えば真意などどうでもよく、関心は専ら、あのことばが良寛の内部に生成されるようになった過程を知りたいと思ったのである。「災難に逢時節には云々」ということばが思いつきであるはずはなく、文飾でも皮肉でも道徳観でもないとすれば、いったいどこからあのことばはやってきたのだろうか。

煙だに天つみ空に消えはてて面影のみぞ形見ならまし
嘆くとも返らぬものをうつし身は常なきものと思ほせよ君
うちつけに死なば死なずて永らへてかかる憂き目を見るがわびしさ

右三首は、書簡のなかに見られる和歌である。一首目・二首目が、疱瘡の流行に際して原田正貞宛て書簡の掉尾に置かれた和歌。三首目が三条大地震に際して山田杜皐宛て書簡の途中に置かれた和歌である。

散文では言い尽くせぬ思いがあるとき、詩歌や芸術によって表現しようとする。古今東西、人間はそうした鎮魂の思いに支えられつつ生きてきた。良寛もそうした鎮魂の思いを、生涯抱きつづけた一人である。彼の場合、それが最もよく現れたのが和歌である。漢詩も書も散文も表現したが、彼の内部に発酵し熟成する鎮魂の思いは、和歌に最もよく表現されていると私は感じる。彼にとって和歌は、ことばの香気（言霊《ことだま》）によって内省される鎮魂の場であると私は思う。

一首目、疱瘡で亡くなった子どもを火葬にしたときの心境。火葬の煙は亡き子の名残《なごり》。その名残の煙さえ空の彼方に消えはててしまう儚さ。亡き子の面影だけが今ここにあるのだから、その面影を見るのがよいでしょう、と慰めている作品。

二首目、亡き子の死をいくら嘆いても、もう子どもは生き返っては来ないという現実。だから今はもう人間の生命が儚いものだと思ったほうがよいでしょう、と慰めている作品。

三首目、災難に遭って死んでしまえばそれっきり。しかし、難を逃れて生き延びてしまった身は、今、目の前にある厳しい現実を生きていかなければならない侘しい身の上である、と自覚している作品。

これら三首の、疱瘡、そして地震という災難に際して吐露した和歌の中に、良寛という人間の本質をなす意識、すなわち思想が託されているものと私は思う。

もちろん、目前の惨状に対して感情を露わにして涙することもあったたし、ときには社会正義的倫理観によって、政権や宗教界の堕落腐敗ぶりに強く憤ることもなかったわけではない。じじつ、和歌にも漢詩にも書簡にも、そうした喜怒哀楽の起伏の激しさをみせたものも見受けられる。たとえば、漢詩「地震後之詩」などには、震災や飢饉の発生を、起こるべくして起きた天災とみなして、独り、人心の荒廃ぶりに憤怒し、万人に対して自省を促す内容が、激しい口吻をもって詠まれている。「災難に逢時節には云々」に込められた冷静さとはまるで正反対の姿勢である。

だが、良寛の内部に生成されるようになった意識の場を訪ねてゆけば、彼の本質はやはり、「災難に逢時節には云々」ということばに象徴されるところに辿り着くのではなかろうか。喜怒哀楽のすべてを包摂して、「災難に逢時節」を進んで受容したところに、彼の本質がある と、私は考えるのである。

いや、むしろこう言うべきかもしれない。ただ一つの本質などはなく、喜怒哀楽に激情するのも本質。権威、権力、社会悪に抵抗心を燃やすのも本質。ただ一つの統合された人間像などというものがあるはずはなく、多面的な人間像のなかに、或る時の本質が偶々前景に歩み出してくるのであると。

したがって、疱瘡禍、震災を目の当たりにして、「災難に逢時節」を積極的に受容したのは、或る時の偶有的な本質であると、そのように私は再認識しておきたい。

さて、先に掲出した三首の和歌に戻ろう。災難を目の当たりにして詠まれたこれらの和歌に、良寛のどのような意識の場が読み取れるのだろうか。彼の内部に生成された意識の場、すなわち思想は何か。長い時間を経て熟成したその思想は何か。

そこで私は、三首に共通する「今」という時間認識に注目した。三首はいずれも前半で過去の災難に触れ、後半で「今」どういう状態にあるか、また、「今」どのように考えるべきかを自他に問いかけている。和歌のリズムによって川の流れのように詠まれた、過去と「今」の情景。それは特殊な状況を詠んだものでもなく、ごくありふれた心境の描写であるがゆえに読み流してしまいがちであるが、作者良寛のなかに息づく時間認識には、心を向けるべきものがあり、見逃してはなるまい。

修辞的に見れば、三首の和歌に出てくる「面影」「うつし身」「わびしさ」というそれぞれの用語は、確かに中心的な措辞であり、抒情性を深め、また、そこはかとない無常観も漂わせて、挽歌としての働きを十二分に発揮させるものとなっている。相聞、挽歌、贈答という伝統的様式によって作品を成す良寛の技量は、モティーフの深さとともに秀逸である。柔軟な彼の詩質は、万葉・古今・新古今等さまざまな古典を換骨奪胎して、良寛調という歌風を生み出したのであった。

しかし、技量よりもモティーフよりも歌風よりも、もっと普遍的な認識として作品の奥底を流れるもの、すなわち、内部に生成されるようになった意識の場、つまり思想を感じとる必要もあるのではなかろうか。

思想の生成に与《あずか》る時期には遅速がある。しかし遅速の差はあっても、おおむね青年期に思想の生成は開始する。良寛の場合、その意味で国仙和尚のもと、禅の修行に勤めた円通寺時期は重要だ。二十二歳から三十四歳まで、朝昼晩、彼を養い鍛えたのは円通寺であった。道元禅であった。

禅と人間。時を経ておのれの文学のなかに、もしも禅が生きていたとすればそれはどのように生きているのか。文学のなかに醸成した禅とは何か。良寛を養い鍛えた道元禅とは何か。災難に際して表白された彼の書簡や和歌を読んで、私が注目したのはこの点である。

三頭八臂はきのふの時なり、丈六八尺はけふの時なり。
しかあれども、その昨今の道理、ただこれ山のなかに直入して、
千峰万峰をみわたす時節なり、すぎぬるにあらず。
三頭八臂もすなはちわが有時にて一経す、彼方にあるにたれども而今なり。
丈六八尺もすなはちわが有時にて一経す、彼処にあるにたれども而今なり。
しかあれば松も時なり、竹も時なり。
時は飛去するとのみ解会すべからず、飛去は時の能とのみ学すべからず。
時もし飛去に一任せば間隙ありぬべし。
有時の道を経聞せざるは、すぎぬるとのみ学するよりてなり。
要をとりていはば、尽界にあらゆる尽有はつらなりながら時時なり。
有時なるによりて吾有時なり。

右の文章は『正法眼蔵』「有時」の巻のなかの一節である（読みやすくするため、行分けにした）。この「有時」の巻は一二四〇年に道元じしんによって執筆された巻で、存在と時間について触れた哲学的な論考である。『正法眼蔵』全九十五巻のなかで、もっとも難解な巻とされている。

道元は過去・現在・未来と一直線に去来する時間を否定し、あらゆる時間を非連続の連続と

して捉えている。基本的にそう理解されている哲学的な仮説である。この道元の時間論はまた、あらゆる存在は、その時点における現在に実在しており、その実在が相互に時間的な関係性を持って連結されているとするものであった。時間と存在を一体のものとする時間論である。

「有時」は「うじ」と読む。「有」は「在」に同じ。時有り（時在り）と訓読できそうだが、道元は「有時」を一語の固有語として用いている。時間と存在を一体のものと考えた道元の独創的な固有語である。ドイツの哲学者ハイデガーが『存在と時間』のなかで使用した概念語「現存在」に「有時」は似ているかもしれない。

道元禅師頂相・永平寺蔵

「三頭八臂」は阿修羅のこと、「丈六八尺」は仏のこと。過去（「きのふ」）と現在（「けふ」）それぞれの時間相を象徴化したものだろう。「昨今」は過去と現在のこと。そして、「その昨今の道理」を「すぎぬるにあらず」と論じている。時間は経過しないということである。「而今」も「而して今」と訓読できるが、「有時」と同じように一単位の固有語であり、語義としては「現在」となるが、時間と存在を一体のものとする「有時」と同じように理解することができよう。

道元は時間の経過しないことをしきりに強調する。「時は飛去するとのみ解会すべからず」「尽界にあらゆる尽有はつらなりながら時時なり」と、力強く説いている。そしてもう一つ強調していることは「わが有時」である。結語的には「吾有時」としている。「吾」そのものが「有時」であるとしたのである。「吾」とは存在としての人間をさしているのは明らかである。したがって、時間と人間存在を一体のものと捉えた道元の思想をここに見ることができる。

つまり、あらゆる存在は過去も未来もなく、ただ実在する「現在」としてあるのみ。今ここにある存在は、過去の存在であり、未来の存在であり、そこに何らの間隙もない時間として顕在する、とこのように道元は語ろうとしたのではなかろうか。踏み迷う人間の存在を、「有時」の存在として認識したのではないか。「松も時なり、竹も時なり」。そして、「人も時なり」と、人々に説こうとしたのではないか。

良寛は『正法眼蔵』を読んでいる。おそらく「有時」の巻も読んでいたにちがいない。幼いころから読書家であった彼は、たぶん「有時」の巻に触れて瞠目し、おのれについて、そして人間について深く考え抜いたにちがいない。養い鍛えられたその考察が、やがて時を経て「災難に逢時節」という思想を生んだのではないか、と私は思う。良寛七十一歳の時である。

災難に逢うという現実は、なかなか受容できることではない。耐えがたきを耐え、忍びがたきを忍んで受けいれることはできても、災難に逢うという現実を「有時」として冷静に受容することは難しい。忍従によって受けいれることは真の受容ではない。人間存在の何か大切なものを諦め、時をやり過ごしているだけである。そこに生き生きとした「現在」はない。

「災難に逢時節には　災難に逢がよく候」という良寛の思想は、過去・現在・未来の災難を包摂して、「今」を生きる力に転進させるものである。大いなる肯定である。「絶望を受難としてみなすのは誤りである」と言ったのはキェルケゴールであるが、それに倣って言えば、「災難を受難としてみなすのは誤りである」ということになろうか。否、真の受難は希望に転位され得るものであって、絶望こそ希望であるとしたイエスの受難も思い出しておきたい。十字架上で発した「エリ、エリ、レマ、サバクタニ」は、絶望による救済であった。

加えて、ニーチェによって語られた永劫回帰の時間概念と、そしてそこから導き出された「運命への愛」についても思い出しておきたい。「運命愛」とも呼ばれるこの哲学概念は、平たく言えば「この世のあるがままの運命を受け入れ、そしてそれを愛するということ」になるが、ニーチェは負のニヒリズムであるルサンチマン（復讐）克服のために、必死にこの概念を生み出したのであり、単なる運命論ではない。諦念や忍従や馴致や同化からくるものではない。ニヒリズムを踏切板にした新たな意思として「運命への愛」は語られたのであった。


そしてまことに、わたしはわたしの永遠の運命に感謝している、それがわたしをせきたてもせず、うながしもせず、意地悪い戯れを行う時間をわたしに与えているのだから。

——わたしがきょう魚を釣るためにこの高山に登ってきたのも、その運命の好意によるのだ。

かつて人間が、高山で魚を釣ったためしがあるだろうか。だが、たとえ、わたしがこの頂上で行なおうとし、行なっていることが愚かしい所業であるにしても、まだしもそれはまさるのだ、あの低地で、待ちきれなくなって沈痛になり、顔を青ざめさせるよりは――。

――待ちくたびれて、いたけだかに怒る者となり、山から吹きおろす聖なる怒号の嵐となり、性急に谷々に向かって、「聞け、さもなければ、わたしはおまえたちを神の鞭で打つぞ」と叫ぶ者になるよりは。

（『ツァラトゥストラ』第四部「蜜の供え物」手塚富雄訳より）

「運命への愛」を語る者は静かだ。「待ちきれなくなって沈痛になり、顔を青ざめさせる」者でも、「待ちくたびれて、いたけだかに怒る者」でもない。災難にうちひしがれる者、災難を天罰としてひれ伏す者、そういう者でもない。

ニーチェはキェルケゴールに繋がりイエスにも繋がり、洋の東西を超えて道元に繋がり、そうして良寛に繋がっている。ここに存在と時間の連鎖がある。〈うちつけに死なば死なずて永らへてかかる憂き目を見るがわびしさ〉と詠いつつ、「災難に逢時節には　災難に逢がよく候」と自他に語りかけた良寛に、私は「運命への愛」を感じとるのである。

12 「無力」の抒情

霞立つ永き春日を子供らと手毬つきつつこの日暮らしつ

良寛の歌の中では、この一首がことさら有名で、良寛といえば、子ども好きのお坊さんというイメージを誰もが抱くようである。村里の子どもたちと一緒に、手毬やおはじき、かくれんぼなどをして無心に遊ぶ良寛の姿が浮かんでくる。数々の逸話が伝わっており、良寛を庇護した解良《けら》家第十三代当主栄重《よししげ》の書いた『良寛禅師奇話』にも、次のような記述がある。

・手マリヲツキ、ハジキヲシ、若葉ヲ摘《つみ》、里ノ子供トトモニ群レテ遊ブ。地蔵堂ノ駅ヲ過《すぐ》レバ、児輩必《かならず》追随シテ、良寛サマ一貫ト云フ。師驚キテ後《うし》ロヘソル。又二貫ト云ヘバ、又ソル。二貫三貫ト其《その》数ヲ増シテ云ヘバ、ヤヽソリ反リテ後ロヘ倒レントス。児童コレヲ

見テ喜ビ笑《わらふ》。——後略——（第八段）
・師至ル里毎ニ、児輩多群《おおく》ヲナシテ戯《たはむれ》ヲナス。何《いづ》レノ里ニヤ、師児童トアソビ、能《よく》死者ノ体《てい》ヲナシ、路傍ニフス。児童或ハ草ヲ掩《おほ》ヒ、木ノ葉ヲ覆《おほつ》テ、葬《はうむ》リノ体《てい》ニナシテ笑ヒタノシム。後ニ狡猾ノ児アリ。師死者ノ体ヲナセバ、手ヲ以《もって》鼻ヲツマム。師モ久シキニ堪《たへ》ズシテ蘇生スト。コハ禅師気息調《ととの》ヘンガタメニ如斯《かくのごとき》ノ事アリシヤ。（第九段）

　子どもたちとの遊びがどんなものであったのか、短文ながら生き生きと描かれていて、興味深い文章である。『奇話』とは、ちょっと風変わりなエピソード、というぐらいの意味であろうか。手毬、おはじき、若菜摘みのような普通の遊びに加えて、「一貫遊び」や「死に真似遊び」など、子どもたちとの間に生まれたユニークな遊びを『奇話』は伝えている。「一貫遊び」や「死に真似遊び」は、良寛のような人でなければ生まれなかった遊びかも知れない。サービス精神に富んだ人だったのであろう。道化の精神によって子どもたちを楽しませた人と言ってもよいだろう。

　良寛が子どもたちと遊んだ時期は、国上山中腹での五合庵時代と、その麓近くの乙子神社草庵に移った頃のようである。蒲原平野のあの道この道を、良寛は実によく托鉢をしており、子どもたちと遊ぶのは、そうした托鉢の途次だったのである。

　子どもたちと遊んだ良寛はまた、気の合う人との交遊を楽しんだ人でもあった。分水町牧ケ花の豪農解良家などをしばしば訪れている。泊めてもらうこともあったようである。解良家のほかに、原田家、阿部家も良寛の良き理解者であり庇護者であった。寺僧にならなかった良寛は、托鉢によって生活の糧を得るだけだったので、良寛の人柄と芸術にひかれた人たちが、積極的に良寛のサポーターになったのである。良寛の和歌や書簡を見ると、そうした人たちとの交遊ぶりを知ることが出来て、まことに面白い。

サポーターの一人、解良栄重が生まれたのは、良寛が五十三歳の時である。栄重が物心付く頃には、良寛は六十代になっている。したがって『良寛禅師奇話』に記されているのは、主に晩年の良寛の姿である。『奇話』には、栄重が父や祖父に聞いた話もいくつか含まれている。ともかくこの『奇話』は、良寛に実際接した人によって書かれたものであるから、良寛の人柄をかなり的確に捉えているように思われる。

日日日日又日日　　日々日々、また日々、
閒伴兒童送此身　　閒《のど》かに兒童を伴って此の身を送る。
袖裏毬子両三箇　　袖裏の毬子両三箇、
無能飽酔太平春　　無能にして飽酔す、太平の春。

子どもたちとの遊びに没頭した様子は、漢詩にも詠まれている。やや誇張された表現になっているが、子どもたちとの遊びは良寛にとって、至福の時であったように感じられる。良寛の子ども好きは、生得のものであったのだろうか。良寛ほど、子どもたちと一緒になって遊んだ人も珍しいのではあるまいか。芸術性の高い書や詩歌を生み出す一方で、子どもたちとの遊びに忘我の時を過ごした良寛とは、一体何者であったのか。つくづく不思議な人である。

　名主の家に生まれながら、すべてを捨てて出家し、厳しい禅の修行を経て、なお諸国を行脚放浪し、そして突然帰郷したのが三十九歳の時と伝えられている。薄汚れた僧衣をまとって托鉢する良寛は、始めは単なる世捨て人としか見られていなかった。その無為無能ぶりは、嘲笑を浴びるしかなかったのである。が、やがて、ただの乞食坊主ではないことが周りにも分かるようになり、村里の人々との間に、心と心の触れ合いが始まることになる。名主橘屋の息子・山本文孝が故郷に受け容れられるようになったのは、その頃からであろうか。半僧半俗の身を、慎ましく越後の村里の中に生かされることになったのである。

いざさらば我もこれより帰らましただ白雲のあるにまかせて
世を厭ふ墨の衣の狭《せば》か《ママ》れば包みかねたり賤《しづ》が身をさへ
何ゆゑに家を出でしと折ふしは心に恥ぢよ墨染めの袖
捨てし身をいかにと問はば久方の雨降らば降れ風吹かば吹け
水の上《へ》にかづ《ママ》書くよりもはかなきはおのが心を頼むなりけり

これらの歌は、五合庵に仮住まいするようになった頃の作品である。一寺の住職になることを拒み、粗末な庵で暮らすことを決意してゆく時期である。常に自分を省みて、慎ましく自己を律して生きようとする良寛像。それと同時に、身を委ねて自由に生きようとする思いも感じられる。徳川幕府の支配下に置かれた檀家制度の僧門の枠の中に生きるのではなく、生涯を托鉢に徹することで、民衆の中に、生かされて生きる道を選びとった人、ここにはひそかな覚悟があるように思われる。

我見彼朝野
士女各有作
不織何以衣
不耕何以哺
今稱佛弟子
無行亦無悟
徒費檀越施
三業不相顧
聚首打大語
因循度旦暮

我彼《か》の朝野を見るに、
士女おのおの作《しわざ》あり。
織らざれば何を以てか衣《き》、
耕さざれば何を以てか哺《くら》はむ。
今佛弟子と稱するも、
行も無くまた悟りも無し。
徒らに檀越の施《せ》を費やし、
三業も相顧みず、
首《かうべ》を聚めて大語を打《たた》き、
因循して旦暮を度《わた》る。

外面逞殊勝　　外面は殊勝を逞しうして、
迷他田野媼　　他の田野の媼を迷はす。
謂言好箇手　　謂《おも》ふ言《われ》好箇手と。
吁嗟何日寤　　吁《あ》嗟《あ》何れの日にか寤《さ》めむ。
縦入乳虎隊　　縦《たと》ひ乳虎の隊《むれ》に入るも、
勿践名利路　　名利の路を践《ふ》むことなかれ。

これは「僧伽《そうぎゃ》」と題した全五十六行の漢詩の一部分である。「僧伽」全体の内容は、堕落した寺院や僧侶への痛烈な批判を主題にしている。だが、その批判の矢は同時に、自分じしんにも向けられている。檄文のような激しさを、当時の仏教界に対してぶつけてゆく良寛と、みずからの苦悩と覚悟とを吐露せざるを得なくなった良寛とが、ここには混在している。帰郷して間もない頃の作品であろうか。天真爛漫に、子どもたちと遊び戯れるような姿はここには見られない。

何かを必死に求めている。貪欲に、執拗に、徹底して赤裸々に。「縦入乳虎隊」と言って、一歩も引こうとはしない。断固とした覚悟。全身全霊を賭した渇仰。何かを必死に求めている。求めることにすべてがある。

「僧伽」には、良寛の、僧としての原点がある。十八歳の時に突然出奔した良寛が、帰郷してなおもう一度出家するような姿が、ここにはみられるのである。

霞立つ永き春日を子供らと手毬つきつつこの日暮らしつ

繰り返しこの歌を読んでみる時、その背景には、もしかしたら、あの何かを必死に求める姿があったのではなかろうか。原郷にさかのぼるような、必死の希求。措辞について言えば、「暮らしつ」の「つ」に込められた意識は、密かでありながらも、何か決意のような、あるいはまた、願意のような思いが感じられてならない。

あづさ弓春も春とも思ほへ《ママ》ず過ぎにし子らがことを思へば
春されば木々のこずへ《ママ》に花は咲けども紅葉ばの過ぎにし子らは帰らざりけり
人の子の遊ぶを見ればにはたづみ流るる涙とどめかねつも
もの思ひすべなき時はうち出でて古野に生ふる薺《なづな》をぞ摘む
いつまでか何嘆くらむ嘆けども尽せぬものを心まどひに

この一連五首には、「去年は疱さうにて子供さはにうせにたりけり　世の中の親の心に代はりて詠める」という詞書きが付されている。「疱さう」とは疱瘡のこと。「いもがさ」とも言う。天然痘のことである。ウィルスによって起こる急性伝染病。高熱が出て、全身に発疹が出来て化膿し、あとにあばたが残る病気である。江戸時代の文政二、三年には越後地方で大流行したという記録がある。近代医学は、種痘によってこの伝染病を予防出来たが、江戸時代には、予防が出来なかったために、多くの子どもたちが亡くなったのである。

文政二、三年、この頃良寛は乙子神社草庵に住んでいる。六十二、三歳の時である。村里を托鉢すれば、疱瘡に苦しむ子どもたちがいた。疱瘡のために命を奪われた子どもたちの葬式があった。親たちの悲しみを見るにつけ、良寛の心はさぞかし痛んだことであろう。托鉢どころではなかったにちがいない。親たちの悲しみを前に、何もすることの出来ない自分がいた。「僧伽」によって僧侶本来の立場を自覚して再出立したはずの良寛であったが、改めてみずからの無為無能ぶりを知らされなければならなかったのである。

身を捨てて世を救ふ人もますものを草の庵に暇求むとは

こうした自戒の念に、良寛が深く苦悩したのは、蒲原平野の農民たちの惨状を見たからである。曹洞禅の思想に、自分の求めるものがあったはずなのに、農民たちの苦しみを知れば知るほど、自分の無力を恥じるばかりなのであった。

しかし、草の庵の孤独の中で、おのれの無力と向き合った良寛は、無力によって生きることへ、無力によって生かされることへと、自己を転化させてゆくのであった。無力は決して恥じることではない。むしろ無力をポジティブに捉えれば、「無力の力」と言うべきものがある。良寛はそのように、自己の思想を切り開いていったのではないか。老子に、柔弱を守ることが、ほんとうの強さだということばがある。

良寛は、国上山の庵に約二十年間仮住まいをした。五合庵と乙子神社草庵での仮住まいである。国上山周辺の農村は、「田植えあれども稲刈りないか」と謡われたほど洪水の多い所であった。信濃川が氾濫すれば、稲が水浸しになって、甚大な被害を農民はこうむった。しかし、どんなに不作であっても、年貢が減ぜられることはなく、農民はその日その日の命を繋いでゆくのが精一杯だったのである。五公五民と言われたきびしい年貢の取り立てで、一番苦しんだのは小作である。「享保の掟」は、農民に対して「生かさず殺さず」の無慈悲な政策を押し付けたのである。寛政、天保の改革も、農民の生活などあまり考えない経済政策であった。小作農民が家を捨てて他の土地へ行こうと思っても、それは「逃散」の重罪として厳罰に処せられた。名主や庄屋が監視の目を光らせる。檀家制度の下に栄えて来た寺院も、宗門人別帳によって監視制度の一端を担うというような状況だったのである。窮状を変えようとして、農民の抵抗運動が、飢饉に苦しむ各地の農村部に起こったのである。農民一揆は、人間の生存権を主張した抵抗運動と言うことが出来よう。

小《を》やみなく雨は降り来ぬ久方の天の河原の堰《せき》や崩《く》ゆらむ
秋の雨の日に日に降るにあしびきの山田の小父《をじ》は奥手刈るらむ
ひさかたの雲吹き払へ天つ風うき世の民の心知りせば

良寛は無力であった。だが、農民たちの置かれた窮状に無関心ではいられなかった。雨が降り続けば川が氾濫するのではないかと心配し、農民たちの生活を思いやった。そして、「ひさかたの雲吹き払へ」と、ただ天に向かって祈るばかりであった。

良寛は無力であった。だが、疱瘡のために死んだ多くの子どもたちの霊を慰めた。その親の心に代わって歌を詠んだ。

良寛は無力であった。だが、貧窮のために遠い異郷の地へと売られてゆくかもしれない子どもたちと手毬をついて一緒に遊んだ。

兎はあたりに飛び飛べど何ものせでありければ兎は心異なりと詈りければはかなしや兎計りて申すらく猿は柴を刈りて来よ狐は之を焼て給べ言ふが如くに為《なし》ければ烟《ほのほ》の中に身を投げて知らぬ翁に与へけり翁は是を見《みる》よりも心もしぬに久方の天を仰ぎてうち泣《なき》て土に僵《たふ》りてややありて胸打叩《うちたたき》申すらく汝等みたりの友だちはいづれ劣るとなけれども兎は殊にやさしとて骸《から》を抱《かかへ》て久方の月の宮にぞ葬《はふり》ける今の世までも語継《かたりつぎ》月の兎と言ふことは是が由に

てありけると聞吾《きく》さへも白栲《しろたえ》の衣の袂《そで》はとほりてぬれぬ

これは、「月の兎」と題した長歌の後半部分である。原典はインドの「ジャータカ」による伝説で、一般的には「捨身伝説」として知られている。良寛は、この「捨身伝説」の物語を、備中玉島円通寺での修行時代に経典から知ったようである。日本の古典『今昔物語』にも、この物語は載っている。内容は、他者のためにその身を犠牲にした兎の行いを描いたものである。犠牲的精神の寓話である。元の「捨身伝説」を、ただそのまま長歌の形式を借りて表現しただけで、文学的な価値は決して高いわけではない。

「月の兎」を読むと、確かに教訓的・道徳的な面が強すぎて、実感に乏しい作品である。良寛独自の作品になり得ていないように感じられる。「聞吾さへも白栲の衣の袂はとほりてぬれぬ」と、この長歌を結んでいるが、「捨身伝説」を対象化しえなかったために、「捨身伝説」への感傷ばかりが目立ってしまうのである。

だが、この長歌の詠まれた時期を考えると、また別の見方も成り立つのではあるまいか。良寛研究家・谷川敏朗によれば、この「月の兎」が作られたのは、文政三年の春ということである。この頃の越後国上山周辺の農村地帯は、どのような様子であったのだろうか。前にも述べた通り、強い伝染力を持つ疱瘡が多くの子どもたちの命を奪い、その上、洪水にも見舞われるというような惨状だったのである。そうした時期に詠まれた長歌であることを考えると、この作品もまた、みずからの無力をもって、農民や子どもたちのために歌わずにはいられなかった良寛の祈りが込められているのではなかろうか。「月の兎」を単なる教訓的寓話として読めば、確かに、それだけの作品かもしれない。手毬の歌も、ただの童心讃歌として読めば、それだけでしかないだろう。

あづさゆみ春さり来れば飯乞ふと里にい行けば里子供道のちまたに手毬つく我も交りぬそが中に一二三四五六七汝《な》がつけば我《わ》は歌ひ我が歌へば汝はつきてつきて歌ひて霞立つ永き春日を暮らしつるかも

良寛の歌を読むと、「共生」とは何かを考えさせられる。また、「共苦」ということも考えさせられる。良寛の歌に私は、「共苦・共生」による「無力」の抒情を感じとる。そして、「無力」が強さに隣接していることを確信する。

13　贈与と挽歌

渡部村の庄屋、阿部定珍は最も深く交流した人物である。二十二歳ほど年下ではあったが、親しく対等に付き合いをもった生涯の朋友である。親子ほどの年齢差がありながら、良寛にとって定珍は、遠慮のいらない闊達自在な心友であった。学問・芸術・宗教について悠々と語り合い、日常生活においても物心両面の交歓があった。

相知るようになったのは、良寛が帰郷してからである。国上山中腹の五合庵に仮寓したころから、二人の交際が始まったものと思われる。すでに良寛は四十歳を迎えようとしていた。人恋しさ、そして初老期の心細さもあって、そのころ次のように詠っている。

恋しくば訪ねて来ませわが宿は越の山もとたどりたどりに
世の中に同じ心の人もがな草の庵に一夜語らむ

「恋しくば」と言っているが、恋しくて仕方がないのは良寛のほうである。「同じ心の人」とはどのような人か。自分と同じように風雅を好む人と解して間違いはないけれども、やはりこれも、恋しさ、心細さを指して「同じ心の人」と言ったのではあるまいか。自分と同じような人へのラブコールである。

ところで、阿部家は酒造業を営みながら庄屋の役職を任じられた家柄であった。その邸宅は五合庵に遠くないところにあった。定珍はその七代目。豊かな生活を送る阿部家の当主定珍は、近くの山中に仮寓するようになった托鉢僧の支援をするようになったのである。

僧に物を施すこと、僧がその施しを受けて法を説くことを、仏教では布施と言う。前者を財施、後者を法施とも言う。要するに贈与の関係である。僧と民衆との信仰に基づく贈与。利害得失を考量しない贈与。斉しく仏の恵みに与《あずか》る布施である。

托鉢に拠って露命をつなぐ日々の暮らし。食糧や衣類や生活雑貨を、定珍より贈与されたことが良寛の書簡にうかがえる。僧の身にありながら、酒をもしばしば提供されている。酒好きの良寛にはこの上ない贈与の品であった。相手は酒造元、求めよさらば与えられん、というわけである。

裕福な資産家であった阿部家には、古書も新書も多く蔵書されていた。江戸に遊学したことのある定珍は、和歌にも漢詩にも、また書にも通じており、それらの関係書籍がかなりあったようである。良寛と定珍には共通の趣味と学問と芸術と好奇心があった。

谷川敏朗編『良寛の書簡集』のなかに阿部定珍宛のものが四十七通掲載されているが、そのなかには、『万葉集』『趙州録』『古訓抄』『王羲之法帖』『古事記』『万葉集略解』の記載がみられる。いずれも借用の記載である。自分の所有物は一つもない。すべて借り物。借り物主義に徹している。

『趙州録』『古訓抄』『王羲之法帖』は、おもに書を学ぶために必要としたものであろう。また、江戸後期は『万葉集』の見直された時期でもあり、良寛も『万葉集』と『古事記』を熱心に読み込んでいる。『万葉集略解』は橘千蔭による注釈書で、寛政八年から文化九年にかけて二十巻三十冊が刊行されている。垂涎の参考書であったようで、刊行のたびにこれを借り受けており、催促と返礼の書簡が遺されている。次のような書簡がある。蛇足かもしれないが拙い意訳を付録する。

万葉書了候間　大坂屋へ御返し可被下候　此次の巻を借度候　それハ此中の状に委細申越候　何卒明日にも　人遣度被下候　朱墨も残少ニなり候間　一丁たまはる可候　げたの緒も　並ニ筆一本　早々　かしこ

十月廿九日　良寛

定珍老　良寛

万葉集に朱を書き入れましたので、大坂屋（三輪権平）さんにお返しください。この次の一巻も貸してください。返却についてはこの手紙に同封した書状に詳しく書きました。どうぞ明日にでも大坂屋さんに届けてください。朱墨も残り少なくなってしまったので一丁分頂きたいと思います。下駄の鼻緒も。それから筆を一本。

『万葉集』を書き写して、それに注釈の朱を書き入れたたようである。返却を依頼し、そのついでに朱墨を所望し、さらに鼻緒に筆まで求めている。もちろん無償にちがいない。何から何まで贈与である。

なお、「下駄の鼻緒」とあるが、托鉢僧が下駄を履くはずもなく、「草鞋の鼻緒」と書くべきところ、つい「下駄の……」と書いてしまったのであろう。頭語の「定珍老」の「老」は年長者への敬称。結語の「かしこ」も、本来は女性が使うべき用語であるから不適切であるが、こういうちょっとした誤用などは、良寛の場合にはフレキシブルな反射作用として許容範囲のうち。不自然ではあっても自然。ご愛敬の類いである。

それにしても、定珍の布施はたいしたものである。まるで篤志家のような熱心さである。相手に惚れ込まないでこのような無償の贈与はできるものではない。布施は良寛の衣食の実生活を支えたばかりでなく、良寛の和歌や漢詩や書、すなわち綜合芸術の生成をも扶《たす》けたのであった。

帰郷後の良寛その人は、布施によって新たな芸術的人生を育まれたと言っても過言ではあるまい。定珍なくしてその後の良寛はなかったかもしれない。よきパトロンはよき芸術家を生む。

しからば、こうした定珍の布施に対して、僧良寛はどのような法施をもって応えたのであろうか。仏法を説くことが僧としての布施、すなわち法施であるが、良寛は法を説くことには消極的であり、とりわけ対面による説法は逃避的でさえあったようにみられる。ありがたい仏の御ことばを頂戴しようとする相手を煙に巻く逸話が伝えられている。さりげなく話を逸らすとか、さもなくば、余談、油断に乗じて、まんまとその場を退散《ドロン》してしまうのである。

法を説く法施には消極的であったが、話し相手になること、遊び相手になること、そして、身の上の相談相手になることに労を厭わなかった。相手が誰であっても真摯に対応する。庄屋であろうと農民であろうと子どもであろうと遊女であろうと非人であろうと差別はない。相手の身の上を思いやる気持ちは広く豊かであった。すかさず相手になること、それが良寛流の法施であったと言えるだろう。

つまり、良寛の布施は相対的な関係を超えた絶対的な布施である。財施と法施というような相関関係による相対的な布施ではなく、絶対的な布施。すなわち絶対的贈与をもって相手に対面する実際的な布施。『法華経』「常不軽菩薩品第二十」に登場する菩薩の布施である。寺院仏教に囲い込まれた教条的布施と良寛の布施は無縁である。良寛の布施は、ラジカルに常不軽菩薩につながっているのである。

あるいはこうも言える。良寛芸術の本質《モティーフ》は贈与であると。すなわち、相手に応えて和歌を詠み、漢詩を吟じ、書をなすこと。自我発達のためにする芸術とは異なり、法施のごとく芸術を生むこと。誰のために何のために詩歌があり書があるのか、と問われれば、すべては相手のため人々のためにと、良寛は答えたかもしれない。嬉しそうに、そう答えてくれるような気がする。まさしく贈与として、そのように答えてくれるのではないか。

紅葉《もみぢ》ばの過ぎにし子らがこと思《も》へば欲《ほ》りするものは世中《よのなか》になし

これは定珍に贈った挽歌である。「哀傷のみうた拝見致　不覚落涙致候　すておきがたくて」と詞書きを付した一連五首の一首。二十歳の娘を亡くした定珍の悲しみに、深く心を寄せて詠んだ作。柿本人麻呂の〈黄葉の過ぎにし子らとたづさはり遊びし磯を見れば悲しも〉を踏まえている。

「もみぢ」は上代には「黄葉」と漢字が当てられていた。「もみぢばの」は「過ぎにし」に掛かる枕詞。「もみじの散りすぎてゆくように亡くなってしまった」という修辞である。ちなみに、人麻呂歌の「子ら」は、亡き妻をさした呼称である。恋人や妻を親しんで呼ぶときの、上代に多くみられる用語である。

定珍の哀傷歌に応じて良寛もまた追悼歌を詠む。挽歌を通してお互いの感情を寄せ合い、慰め合う。もちろん、当事者は定珍とその家族ではあるが、当事者と非当事者が、心を寄せ合うところにこそ挽歌のゆたかな働きが生じる。

こうした心の働きを、私たち近代人の合理主義は疎かにしてきたのではあるまいか。むしろ分断を余儀なくされている観もしなくもない。他人は他人、私は私。自我そのものは崩壊などしようのない、自明のものとして前提されているのである。自立や自己責任ばかりが求められる。そうした孤立と分断の中に、今私たちは生きている。

悲しみに打ちひしがれたひとりの人間の崩壊感覚は、昔も今も変わることなく存在する。子を亡くした悲しみ、妻を亡くした悲しみ、夫を亡くした悲しみ、親を亡くした悲しみ。そうした崩壊感覚に寄り添う挽歌の意味は小さくない。挽歌にこめられた悲しみのエナジーは、私たち生きとし生けるものにとって普遍の価値であるはずだ。

「親の心に代はりて」と詞書きをした作品を良寛は多数遺している。子どもを亡くした親の気持ちに触れることが多かったからである。今日のように食糧も医療も充分ではなかった時代、人の命は儚いものであった。幼児死亡率も高く、すくすくと育っていたかと思いきや、あっけなくこの世を去ってしまうことも稀ではなかった。定珍の娘も十七歳で燕地方の花見村の庄屋に嫁ぎ、結婚してわずか四年目に亡くなっている。二十歳の若さであった。

人の子の遊ぶを見ればにはたづみ流るる涙とどめかねつも

文政年間、越後蒲原地方に疱瘡が流行して多くの子どもが亡くなった。そのとき良寛は「世の中の親の心に代はりて」と詞書きをして何首も詠んでいる。右の歌はそのなかの一首である。

「にはたづみ」は「流るる」の枕詞。『万葉集』巻十九、大伴家持の〈常もなくうつろふ見ればにはたづみ流るる涙留めかねつも〉を踏まえている。いわゆる本歌取りである。家持の作は無常観を詠んだ歌であるが、良寛はその無常観を身近な現実のなかに捉えて実感のこもったものにしている。観念的な無常観ではなく、実存的な無常観に転位させたのである。定型化した措辞のなかに新たな実感を呼び込んでいる。換骨奪胎と言えるだろう。

疱瘡によって、自分の知らない家の子どもたちが次々に幼い命を亡くしてゆく。村々を托鉢する良寛には、子どもの死を嘆く親たちの声が身近に感じられ、知らない家の親であっても、むしろ、そういう知らない家の親たちだからこそなおさら、悲しみ嘆く親たちへの追悼のことばを贈ってやらずにはいられなかったのであろう。ことばは贈り物である。言霊である。

嘆き悲しむ「世の中の親」たちへの贈与。それは「親の心に代はりて」挽歌を詠むことであった。なすすべもなく、とぼとぼと托鉢しながら、念仏を唱えながら、自分にできることは何かと自問すれば、「世の中の親の心に代はりて」歌を詠むことであったのだろう。挽歌は贈与である。

当事者の思いに近づき、その思いを汲み、それをことばにしようとする。ことばにすることによって、当事者でもない自分が当事者と同じように感情する。狭小な自我は捨象されてゆたかな共通感情のみが顕在する。感情は贈与である。この感情を同情と言うこともできようが、狭小な自我を捨象した無私の同情は、世間一般の共有する道徳的同情とは異なるものにちがいない。

思ふにしあへずわが身のまかりなば死出の山路にけだし会はむかも

通釈すれば、「悲しみに堪えきれず死んでしまったなら、あの世へゆく死出の山路で、もしかしたら我が子に会えるかもしれないのに」となるだろう。感情移入の過ぎるところはある。しかし、この歌を少しく大げさに感じてしまうことがあれば、言霊の力を信じようとしない近代的知慮の奢りなのかもしれない。

悲しみの深さは計り知れないものだが、だからこそこうしてことばにすることによって、悲しむ者とともに悲しむ挽歌が、布施として、贈与として、良寛芸術の底荷をなしていたのだ、と私は考える。

14 「命をきる斧」をめぐって

ここに賭事の好きな男がいる。身を持ち崩している。そこで、この男を改心させようと神父が説教をした。また、同じくここに賭事の好きな男がいる。身を持ち崩している。そこで、この男を改心させようと、かつて賭事がもとで生活苦に陥ったある男が、我が身の経験談を語って聴かせた。

さて、前者と後者を比べたとき、どちらの場合にこの男は改心するか。神父の説教か、ある男の経験談か。耳を傾け、納得し、改心して賭事をやめようと心に決めるのは。はたしてどちらか。

それは誰にも分からない。説教も経験談も、ことばそのものにたとえ説得力（ロジック）があっても、それが必ずしも良い結果をもたらすとは限らない。良い方向にも悪い方向にも転がる可能性はある。誰がいつどこでどのように表現したかということばの働き、すなわちバルトやデリダの言うエクリチュールの価値に優劣を与えることはできても、ことばが及ぼす実際の効果、すなわち生きたコミュニケーションの働きはまったく予断をゆるさない。なにしろそこには身を持ち崩した生身の男がいるのだから。意志薄弱なこの男の心に届かなければ、あるいは届こうとしなければ、説教も経験談も、ことばはことばの自家撞着に陥るだろう。心の属性としてのことばは虚しい本質を抱えている。まことに頼りないものだ。

*

ところで、良寛には弟がいた。由之と称してなかなかの文人であった。この由之が、一時身を持ち崩していたとき、親類、縁者の依頼によって良寛は、由之宛に一通の書簡をしたためた。その遺墨の文言は以下のとおりである。

> 人も三十四十を越てはおとろへゆくものなれば随分御養生可被遊候　大酒飽淫は實に命をきる斧なり　ゆめ〳〵すごさぬよふ《ママ》にあそばさるべく候　七尺の屏風もおどらばなどか越ざらむ　羅綾の袂もひかばなどかたへ《ママ》ざらむ　を《ママ》のれほりするところなりとも制せばなどかやまざらむ

由之の生活が荒れていたのにはそれなりの理由があった。名主役を引き継いだものの実務に不慣れなため、管轄下の農民、近隣の名主や町年寄、お上である代官、いずれとも良好な関係

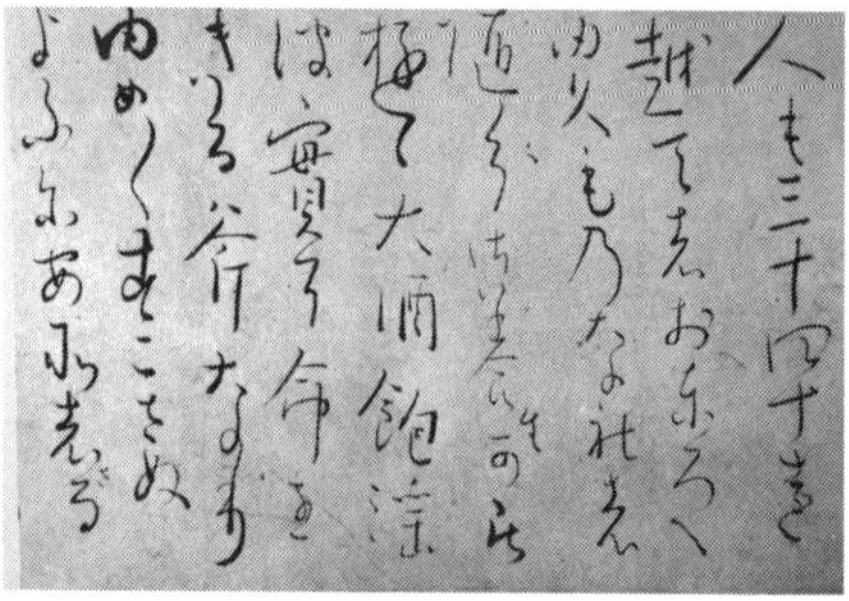

由之宛書簡（前半部分）

が築けない。事態は悪い方へ悪い方へと進んでゆく。すでに父の代より傾きかけていた家運も、いよいよ危機的な情況にあった。名主の仕事が負担となり重荷となり、自暴自棄になっていた由之は酒色に心を紛らわせていたのである。

書面はまず労りのことばから始まる。「随分ご養生遊ばさるべく候」と加齢による心身の衰えを端的に思いやる。由之は四十代後半。良寛は四歳年長である。老いの訪れを同じように感じていたことだろう。筆を執りながら意識の底には、自分が家督を放棄したばかりに、弟に苦労させることになってしまった負い目のような気持ちがあったかもしれない。

書面は、続いて単刀直入に諫言する。酒の飲み過ぎ、女遊びは寿命を縮めるゾと、強い口調である。まるで脅すようでさえある。この「大酒飽淫は實に命をきる斧」という表現は、ことわざの「色欲は命を削る斧」を援用したものである。「削る斧」が「きる斧」と強い表現になっている。また、ことわざでは「色欲」だけをあげているが、これに飲酒を加えて「大酒飽淫」としている。酒と女に溺れていた由之の放蕩ぶりがうかがえる。酒と女への耽溺は根が一つ。「大酒飽淫」としたのも頷ける。

それにしても「命をきる斧」はインパクトのあることばだ。この誇張表現には兄の気持ちがとてもよく出ているように思われる。誇張表現はさらに「七尺の屏風もおどらばなどか越ざらむ」と、改心を促す次の文脈にも表れる。「羅綾の袂もひかばなどかたへざらむ」も同様。そして、「をのれほりするところなりとも制せばなどかやまざらむ」と、追い打ちをかけるように改心への決意をうながし、励ましをもって結語する。ねぎらい、諫め、励まして、じつに簡潔に心をこめた書簡ではないか。漢詩における絶句の簡潔さである。漢詩に秀でた良寛ならではの文体ではある。

さて、この書簡の効果については知らない。効果のことはともかく、この書簡が説教タイプか経験談タイプかということを考えたい。否、それはどちらでも良さそうなことだ。二者択一は不毛な議論である。択一を論じるためではなく、良寛がこの書簡を書いた動機というか背景というか、あるいはまた意識の底にあるようなもの、そういうものを説教か経験談かを視野に入れながら考えたいと思うのである。

良寛は説教をするタイプの人間ではなかったと言われている。当時からそのように周りから見られていたようだ。僧でありながら念仏をあげるのも不熱心であったと言われている。まさか経典を知らないわけではあるまい。僧侶一般の慣習を嫌い、あえて読経に消極的であったのだろう。自戒のために記した「戒語」なるものは種々あるようだが、書簡にも詩歌にも、教訓じみたことを書くことは極力避けたように思われる。僧でありながら僧ではないという、半僧半俗、あるいは反僧反俗の屈折した思いを抱いていたとも考えられる。あるいは単なるへそ曲がりか。

そういう良寛が先のような説教じみた書簡を書いたとき、たぶんとても複雑な気持ちだったのではなかろうか。また、相手は自分の代わりに家督を引き継いでいる弟であるから、弟の存在を有りがたく思わないわけはない。苦境に立たされた弟の身を心の底から案じていたにちがいない。だから、いまここに惨めな弟の身の上は、出奔当時のわが苦境と重なって見えていたのではあるまいか。

良寛が出奔した理由は家業不適応、いまで言う職場不適応であったようだ。他にもいろいろ出奔の理由があげられているが、一番大きな理由は適応障害と見られている。徳川政権の身分制度には、原則、職業選択の自由がなかった。その不自由は長子にはなおさらであり、のほほんと自由で学問好きな良寛にとって、名主という職はもともと向いていなかったのだろう。

由之は不適応ではなかったものの、遊興に耽って家業を破産寸前まで没落させてしまった不甲斐ない男である。風流まではよいが遊興に耽って家業をおろそかにするようではこの由之を誰かが諫めなければならない、と考えたのは当然のことであった。周りの期待を一心に受けて良寛は説教をしなければならなかった。過去の自分じしんの家業放棄を棚にあげて、この際、弟の改心を促さなければならなかったのだ。

自分を棚にあげたことと言えば、飲酒についてもしかり。弟に負けず劣らず酒好きであったことは和歌や俳諧や書簡からもうかがえる。酒好きのわが身を「螢」になぞらえて詠んだ次のような歌がある。「螢」とあだ名したのは造り酒屋の娘さんのようだ。「螢」は夜な夜な甘い水、すなわち酒を求めて「妹」のもとにやってくる、というわけである。

草むらの螢とならば宵よひに黄金の水を妹たもふ《ママ》てよ
身が焼けてひる《ママ》は螢とほとれども昼は何ともないとこそすれ
寒くなりぬ今は螢も光なし黄金の水を誰かたまはむ

諧謔味のあるなかなか面白い歌である。このほかにも酒を詠んだ詩歌や酒にまつわる逸話や書簡がたくさん遺されている。大酒することはなかったようだが、曲がりなりにも仏に仕える身でありながら、不飲酒戒（ふおんじゅかい）の戒めもなんのその、という酒好きであった。

そこで、もう一度先の書簡を読んでみる。「命をきる斧」ということばがぐさりと重い。しかし、このぐさりとくることばは、「大酒飽淫」を諌める神父型のように見えるが、じつは酒飲みが酒飲みを諌める、女遊びが女遊びを諌める経験談のパターンではないか。表向きは上から目線の説教のように見えるが、内情はそうではない。周りの者から見れば良寛は神父的であった。それを周りは期待したのであろう。だが、彼の内情は神父的な立場とは正反対である。この書簡をしたためた良寛の立場は複雑であった。その内心はきっと苦渋に満ちていたにちがいない。おのが出奔の経緯も含めて、これは、毒をもって毒を制するような危険な立場である。少しく自責の念をともなう危険で微妙な立場である。ぐさりときたのはまず良寛だったかもしれない。自分に重いことばは相手にも重い。たぶん重いはずだ。

そこで、さらにもう一度書簡に眼をやると、「命をきる斧」に続くことばが気にかかり始める。「命をきる」と最大限強く出たにしては、「ゆめ〳〵すごさぬよふにあそばさるべく候」とあるが、これでは事のなりゆきからも文脈の上からもなんとなくことばがゆるいようにも感じられる。ここは毅然と「酒を断て」「女を断て」とでも言うべきところ、「どうぞ飲み過ぎないでくださいネ」「女遊びもほどほどに」という程度ではどうにも甘い感じを否めない。

しかし、このゆるくて甘い感じが、やはり良寛と言えば良寛らしいところであろうか。子どものころは昼行灯と呼ばれたそうだが、いっぽうで感受性が強く、長ずるに及んで臆病なところと放胆なところがうまく共存するようになり、平衡のとれた温和な人柄になったようである。それが知られるところの良寛像だ。しかしながら、この平衡を保つ良寛像の内部にはどこかに思春期いらい影のように連れ歩いた罪責感のようなものがひそんでいて、そのためしばしば言動には言いしれぬ含羞を滲ませるようであった。ゆるくて甘い感じはその含羞であったのかもしれない。

だから、「酒を断て」「女を断て」とは言えず、「ゆめ〳〵すごさぬよふに」と温和に進言した。酒について言えば、「飲むな」ではなく「飲まれるな」というわけである。酒飲みの心理をよく心得た説諭《さとし》である。酒飲みに限らず絶対禁止は逆効果をうむ場合がある。『論語』に、「過ぎたるは及ばざるがごとし」がある。これぐらいの進言が良いようだ。「度を越すな」というぐらいの進言であれば、言うほうも言われるほうも傷つくことはない。いかなる酒飲みにもそれなりのプライドはある。そのプライドは酒に飲まれている者ほど頑健である。どのような言い訳をしてでも、そのプライドを守ろうとする。悪い酒飲みほど因果なものはない。女遊びもたぶん似たようなものであろうか。

＊

ところで、かの西洋の酔漢ボードレールは酒神バッカスの礼讃者であった。

酒と人間とは、絶えず闘い絶えず和解している仲のよい二人の闘士のような感じがする。負けたほうがつねに勝ったほうを抱擁する。（『酒とアシーシュ』より）

これとは逆に、酒というものの両刃の剣を指摘したことばもある。酒に対して肯定的否定の考えである。たとえば本邦の詩人、萩原朔太郎のことば。

一般に人が酒をのむ目的は、心地よい酩酊に入って忘我の恍惚を楽しむにある。ところがある種の酒飲みは、飲酒によって全く反対になる。（『新しき欲情』より）

ボードレールはバッカスを礼讃したが、酒飲みがすべてバッカスに愛されるとは限らない。そしてまた、酒飲みがすべてバッカスを敬愛するとは限らない。バッカスは気まぐれである。バッカスの子、酒飲みもまた気まぐれである。そんなに仲がいいはずがないと疑念した朔太郎は、「ある種の酒飲み」がいることを指摘する。

悪い酒飲みたちの存在。この現実は枚挙にいとまがない。良寛の弟、由之もそうであった。誰しも酒を飲む目的は同じようなもの。「心地よい酩酊に入って忘我の恍惚を楽しむ」ところに酒の最高の価値がある。酒飲みの幸福がある。それ以上でも以下でもない。酔うために飲む、至純な行いとして酒を飲むのである。

だが、悪い酒は、因果によって飲み、因果によって酔うのである。だから、ひととき「心地よい酩酊に入って」も「忘我の恍惚を楽しむ」ことがない。「酔いが醒めれば悪夢かな、言い訳地獄に身を焦がす」という羽目になる。悪い酒ほど因果なものはない。

太宰治がそうであった。太宰は酒に強い男であった。しかし、酒に弱い男であった。生理的な強さは、逆比例して精神的な弱さを露呈した。太宰の随想「酒ぎらい」にこんな箇所がある。

酒を呑むと、気持を、ごまかすことができて、でたらめ言っても、そんなに内心、反省しなくなって、とても助かる。そのかわり、酔がさめると、後悔もひどい。土にまろび、大声で、わあっと、わめき叫びたい思いである。胸が、どきんどきんと騒ぎ立ち、いても立っても居られぬのだ。なんとも言えず侘しいのである。死にたく思う。酒を知ってから、もう十年にもなるが、一向に、あの気持に馴れることができない。平気で居られぬのである。慚愧、後悔の念に文字どおり転輾する。それなら、酒を止せばいいのに、やはり、友人の顔を見ると、変にもう興奮して、おびえるような震えを全身に覚えて、酒でも呑まなければ、助からなくなるのである。やっかいなことであると思っている。

私生活をネタにした文章である。誇張されているが、それを差し引いても太宰の悪い酒は明白だ。まことに悪い酒は「やっかいなこと」である。因果なことである。それは誰よりも酒飲みじしんがいちばんよく分かっている。分かっているだけにいっそう「やっかい」だ。

こうした、因果で「やっかい」な酒飲みに対して、「命をきる斧」を振りかざした良寛の気持ちは納得できるものである。また、「斧」をおさめて、「ゆめ〳〵すごさぬよふに」と、ゆる甘く迫ったのも納得のゆくところである。神父的説教と友人的経験談をうまく折衷させたことばになっている。因果を解くことはできなくとも、因果を癒やし和らげることはできたかもしれない。

「命をきる斧」が功を奏したかどうかは分からない。知るところによれば、この後、由之は子に家督を譲り旅に出たようである。そうして帰国し隠居生活に入る。なんとなく兄の経歴に似たところがある。二人は因果な兄弟なのかもしれない。いやいや、因果を癒やし和らげ合う兄弟である。後年、良寛は次の漢詩を詠んでいる。

兄弟相逢処　　兄弟《けいてい》相逢ふところ、
共是白眉垂　　共に是れ白眉垂る。
且喜太平世　　且《しばら》く太平の世を喜び、
日日酔如痴　　日々酔ふて痴のごとし。

由之の日記には、文政十一年二月に木村家にて二人が逢い、漢詩を詠み合ったことが記されている。与板に隠居生活を送っていた由之が、良寛のいる島崎の木村家を訪れたのである。少しく漢詩特有の強調した言い回しではあるが、「日々酔ふて痴のごとし」には、この兄弟のゆたかにゆるし合う関係がよく表現されていると思う。それぞれに因果な酒を振り返りながら、「忘我の恍惚」を、真に楽しんでいたのではなかろうか。

15 良寛螢

弟の身を思って、酒は「命をきる斧」であると説諭した良寛であるが、酒そのものを忌避しようとしたわけではない。むしろ、酒そのものを愛好すればこそ、酒とのつきあい方に心を砕くのであった。自戒の思いを込めて、嗜むべき酒の至福と重宝を語ろうとしたのであった。解良栄重著『良寛禅師奇話』第二段に次のような一節がある。

師常ニ酒ヲ好ム。シカリト云ドモ、量ヲ超テ酔狂ニ至ルヲ見ズ。又、田父野翁ヲ云ハズ、銭ヲ出シ合テ酒ヲ買呑コトヲ好ム。汝一盃我一盃、其ノ盃ノ数多少ナカラシム。

親交のあった解良家の人で、第十三代当主を勤めた栄重は、直接にも間接にも良寛のことをよく知る人物であった。多少の脚色はあるかもしれないが、基本的な人物像として的を射た記述かと思われる。栄重は、良寛より五十二歳年少であったから、祖父と孫のような世代差である。青少年時に良寛という不思議な人物を目撃していることになる。解良家とは早くから交流があったようで、栄重の父、叔問とは詩歌の贈答なども盛んに行われていたことが、遺された相互の書簡からも知ることができる。

右の一節は愛酒家であることを述べたものであるが、飲み方として、適量を嗜むことや、割り勘主義であることにも触れている。しかし、建前としてはそうであっても、酒飲みというものは、建前を超越するにやぶさかでないことは、いわゆる愛酒家の、これまた嗜みのようなものである。

「汝一盃我一盃、其ノ盃ノ数多少ナカラシム。」とは、量を公平にいただくことであるが、「まぁ、どうぞ、まぁまぁどうぞ」と返杯を重ねるうちに適量を超えることはよくあることである。自制心も麻痺すれば、たとえ禅師良寛といえども酩酊することもあったかもしれない。「量ヲ超テ酔狂ニ至ルヲ見ズ。」とあるが、「量ヲ超テ」には疑問符がつく。たとえば解良家以上に親交のあった阿部家の当主、定珍という人に宛てた短い書簡に次の記述がある。

御手帋《てがみ》のおもむき拝見仕候　けさまことに
野僧もたふ酔候まゝ　なにとぞ重てごとに
なし可被下候　早々　以上

定珍からの手紙を読み、返信を書こうとしていることが窺える。書こうとしているが今は書けない、ということのようだ。理由や如何《いかん》。「けさまことに　野僧もたふ酔候まゝ」というのがその理由のようである。つまり、昨晩飲み過ぎて二日酔いの態であるらしい。「たふ酔」の「たふ」は「たう」の誤記かもしれない。だとすれば「当酔」で「いままさにこのように酔っています」という意味になろうか。いずれにしても二日酔いに違いはない。とにかく今は二日酔いに堪えるのに精一杯であるから、返事は後で書く、というわけである。「なにとぞ重てごとに　なし可被下候」を現代語訳すれば、「どうか返事のほうはこの次にしてください。」となる。太宰治のような懇願ぶりだ。どうやら、よほどひどい二日酔いのようである。

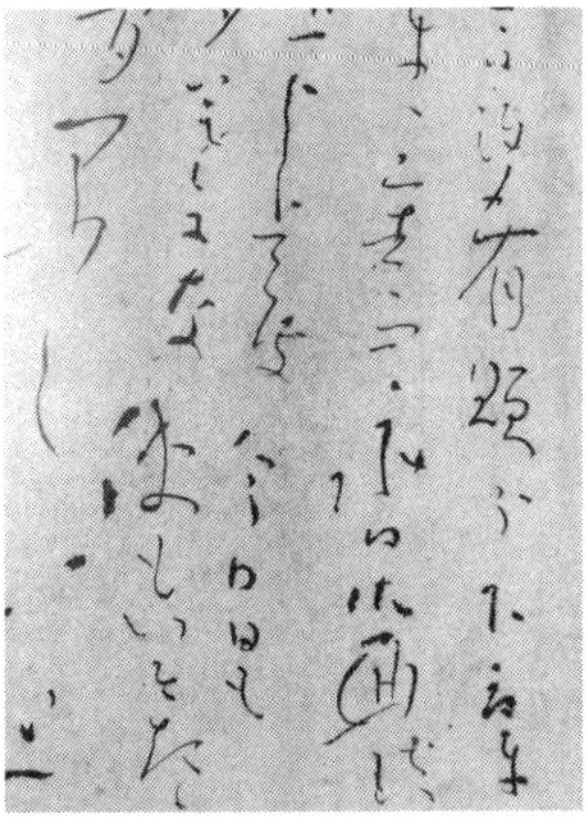

阿部定珍宛書簡
「今日酒肴贈被下ー 云々」

短い文面だけにいろいろ想像がわく。「御手帋のおもむき」は何であったのか、「野僧も」の「も」の意味するところ何か、というようなこと。勝手に想像すれば、私は次のような経緯を思い浮かべて鑑賞する。

昨晩訪れたのは、いつもの阿部家。当主定珍には日頃なにかと世話になっている。話題はこのあいだ借りた『万葉集略解』のこと。『万葉』の解釈をめぐって定珍と良寛はいつになく話がはずんだ。即興で幾首かやりとりもして楽しんだ。定珍は良寛より二十二歳年少だが、なかなか学識のある人物だ。若いころ江戸で三年間遊学し、大村光枝から歌道の指導を受けたこともある。「汝一盃我一盃」と飲みかつ語りあううちに夜も更けた。帰り際になにやら手渡されたものがある。書面のようであった。またいつもの「書」の依頼のようだ。それにしても今晩は互いにだいぶ飲んだ。楽しい酒に大いに酔った。

と、このような場面を想像した。愛酒家同士の一夜ほど楽しいものはない。「汝一盃我一盃」とお互いに酔うからにほかならない。どちらか一方だけが酔ったのでは興ざめである。だから、先の書簡の「野僧も」の「も」は、「あなたも私も」の「も」と捉えるのがまず一つ、また「野僧」という用語に重きをおけば、謙遜と自戒が含意されていると捉えるのがもう一つ。あるいはその両方と捉えることもできようか。

酔ひふしのところはここか蓮の花

この句、父・以南に〈酔臥《よひふし》の宿《やどり》はここぞ水芙蓉〉があり、それを真似た句と言われている。「蓮の花」は、むかし「水芙蓉」と呼ばれていたという説があるが定かではない。単に「酔芙蓉」の間違いかもしれない。父の句のパロディ句とみることができるが、その換骨奪胎ぶりに新味はない。父も飲み助、われも飲み助というレベルの句。あまり出来のいい挨拶句ではない。もうすこしましなリスペクトもあったはず。酒の勢いに任せて出来てしまった句のような趣きがする。しかしながら、こういう「へなぶり」こそ俳諧らしさと言えるのかもしれない。

それにしても「酔ひふし」とはなかなかの酔いぶりである。呑みすぎてその辺に寝てしまうとは……。私もそのむかし駅のホームや公園のベンチに「酔ひふし」をしたことがあるので、他人事《ひとごと》ならず共感をする。揺り起こされるまで、ベンチはまるで蓮の花。どこで「酔ひふし」するかによって見た目の印象は異なるものの、見た目は当の本人の知ったところではない。本人はただ酔っている、いい気持ちで酔っている。ただそれだけなのだから、ベンチも蓮の花も変わりがない。「酔ひふし」は場所を選ばない。

もしもこの「酔ひふし」の句が、良寛の実体験に基づくものであるとするならば、このような酔態を「酔狂」と言わずしてなんと言うべきか。『良寛禅師奇話』には「酔狂ニ至ルヲ見ズ」とあるが、「量ヲ超テ」に同じく、これもまた怪しくなってくる。

身が焼けてひる《ママ》は螢とほとれども昼は何ともないとこそすれ

これもなかなか凄い。和歌でこういうふうに詠むのは狂歌の系譜である。和歌の傍流として狂歌は位置づけられているが、江戸時代後期は傍流が本流を凌ぐ勢いであったことはあまり知られていない。狂歌を異端視する風潮が近代以降に発症したためであろうか、狂歌の面白さが見捨てられてしまった観がある。

良寛はすべてにわたって柔軟な創作意欲を持っていた人であり、狂歌も和歌も区別をすることがない。流行にも意外に敏感で機敏であった。四方赤良、別名大田南畝、あるいは蜀山人は良寛と同時代の人、天明、寛政期に活躍した狂歌師である。和歌の範疇を超えた先のような作品が生まれた背景には、四方赤良たち狂歌師の影響があったにちがいない。

この歌のなかで「ひるは螢と」の「ひる」は明らかに「よる」の誤記であろう。誤字脱字等、誤記の多さは良寛書の特徴をなすものである。また「螢とほとれども」の「ほとれ」だが、「ほとほれ」が元々の語句（古語）であり、口語化してゆく過程で「ほ」が脱落して「ほとれ」になり、さらに、「と」が「て」になる音韻変化起こして現代語「ほてれ」になったものと推測される。漢字を当てれば「熱れ」「火照れ」になる。終止形は「熱る」「火照る」。口語をいち早く導入するのも狂歌の得意とするところであった。

さて、前置きが長くなってしまったが、右の歌を通釈すれば、「毎夕、酒の誘惑に負けて酒を飲み、夜になると身が焼けるほど螢のように火照ってしかたがないが、昼間は酒を欲することもなく、身が焼けて火照るようなこともない。」とでもなろうか。飲酒の常習性を前提に通釈してみたが、たぶん下戸《げこ》の人には理解が及びがたいだろう。

飲酒の常習性が、ある一線を超えると健康を害するばかりでなく精神にも異状を来しかねない。ここが怖いところである。俗語をもって言えば、ヤバイということである。大方の者はそのヤバイ一線を超えることなく、通常の範囲内での常習性に留まって無事是れ名馬ということになる。良寛の場合も、この名馬に収まる範囲の常習性であったことは、右の歌の通りである。「ひるは螢とほとれども」となって、それこそ昼も「螢」になってしまったら重症だ。酒はたちまち「命をきる斧」に変貌する。

ところで、そもそも良寛は仏教徒のはず。非僧非俗とはいえ、在家の信者のお手本となるべく五戒を守る身の上ではなかったか。五戒とは、不殺生戒、不偸盗戒、不邪淫戒、不妄語戒、不飲酒戒の五つ。五戒に軽重はない。そのはずでありながら、なぜか不飲酒戒はいちばん軽くみられる傾向がある。次に軽いのが不妄語戒であろうか。不殺生戒、不偸盗戒、不邪淫戒の三つは重いほうの戒。モーセの十戒にもこの三つの戒、すなわち殺人、姦淫、偸盗の罪が厳しく戒められている。モーセの十戒に飲酒の罪はない。

モーセはともかくとしても、五戒の重さは重いはずではなかろうか。なにしろベスト5なのだから。十は覚えられなくとも、五つは覚えられないはずはない。なのに、なぜ不飲酒戒は軽いのかという疑問がわく。良寛が修行した円通寺には門前の石碑に、「不許薫酒入境内の石碑元禄一一年」というのがあるそうだ。「酒の薫りを放つ者は境内に入ることを許さず」という意味である。こうまでして戒めているのだから不飲酒戒は重い戒であるはずだ。

しかし、こうまでして示さなければならないということは、それだけこの戒を守れない僧侶がいたということにもなる。この戒を軽々と破る僧侶がいたという事実。その事実によって軽く見なされがちなのかもしれない。良寛もこの戒を破る僧侶の一人であったのだろうか。まさか円通寺時代に薫酒をただよわせるようなことはなかったと信じたいが、在家、出家を問わず、この不飲酒戒はもっぱら建前として理会されてきたようだ。

中村元という仏教学者によれば、最初期には不飲酒戒は戒のうちに含まれず、戒の数も一定しなかったが、後に五戒のかたちにまとめられたということ、そして、日本では戒律に対する考え方が緩く、神仏習合により神はもとより仏にも酒をささげる慣習が生じたことなど、仏教と酒との関係について論じている。

また、仏教の経典のなかで飲酒の是非について述べているのは、『律蔵』の「倶舎論」で、そこには禁酒の理由として、性罪説と遮罪説の二つの説があることが記されている。性罪説とは飲酒を行うことそのものが本質的に罪悪であるという考え方、いっぽう遮罪説は、飲酒そのものは本質的に罪悪ではないが、修行の妨げとなる恐れがあるとする考え方。この二つの説のあいだを揺れ動きながら、しだいに遮罪説のほうが主流となってきたようである。中村元の見方もこの遮罪説を補う論として理会することができよう。

良寛と酒の関係に戻れば、破戒というほどのことではなく、むしろ、酒に対する寛容さが人間関係の豊かさをもたらすものとして、肯定的に受容されていることを、詩歌や言動などからうかがうことができる。良寛はあきらかに遮罪説。「螢」と綽名されたことが書簡や詩歌に遺されているが、「螢」ということばには、自戒と自負、そうして含羞さえ感じられまいか。人間関係を潤すアイテムとしての酒。「螢」は「黄金の水」を求めて「宵よひ」やってくるのである。最後に、良寛螢この一首。

草むらの螢とならば宵よひに黄金の水を妹たもふ《ママ》てよ

16 脱皮と諧謔

江戸期の文人たちにとって、俳諧という表現形式は身近なものであった。江戸や大坂など都市部はもちろんのこと、蕉門の俳諧が地方にまで普及したからである。良寛の父・橘以南は、越後俳諧の宗匠として活躍した人であった。先祖代々受け継がれてきた名主という家業よりも、俳諧の道に熱心な人であった。こうした父のもとに育った良寛であるから、俳諧はとても身近なものであったにちがいない。

しかし、良寛が俳諧に打ち込んだ形跡はあまりみられない。俳人との交流、句の贈答、句会への参加、俳書の調達など、俳諧にかかわる事柄がほとんどみられない。和歌や漢詩や書においては、土地の人たちや親類・縁者とのあいだに、さまざまな交流がみられるのだが、俳諧に関しては、遺墨や写本にその作品は存するものの、なぜか、良寛の日常生活のなかに俳諧に関わる事柄をさがすことはできない。

草庵に暮らした良寛であったが、世間との交流がなかったわけではない。むしろ臨機応変に世間との交流に努めた人である。俳諧に関しても何かしら出来事があっていいはずだが、ほとんど見当たらない。俳諧は、連衆という繋がりによって作品を制作する座の文芸である。良寛には、この座という俳諧の場にでることが、もしかしたら躊躇されたか、あるいは拒否すべき何かしらの理由があったのかもしれない。また、みずからの俳諧について良寛は、作者意識をあまり持たなかったことも考えられる。その場その場の必要に応じて、挨拶として書きしるした五七五の表現が、俳諧の発句の様式をそなえていただけなのかもしれない。

谷川敏朗編『良寛全句集』(平成十二年初版)には、百七句が収録されている。遺墨や写本のなかに、くまなく句をさがし求めた結果、こうした労作一巻がまとめられたわけである。『良寛全句集』として、俳人良寛の名が冠された句集を前にしたとき、そこに、良寛の自覚的な制作意識をさぐりたくなるのだが、みずからの俳諧に関して、はたして良寛じしんはどのような制作意識を抱いていたのだろうか。

連衆の一人となり、座に連なることによって、連衆組全体の俳諧が成立し、また同時に、個々の俳諧も成立する。それが俳諧という文芸の特質である。連衆という席を得てはじめて、作者意識を獲得する文芸である。座に連なることが、まったくなかったとは考えにくいが、もしそうだとすれば、良寛の俳諧は、少しく特殊な感じがしなくもない。谷川敏朗編『全句集』から、句を抄出して、その、少しく特殊な感じのするところについて私見を述べてみたい。

（A）須磨寺の昔を問へば山桜
この宮や辛夷の花に散る桜
秋風のさはぐ夕となりにけり
（B）新池や蛙とびこむ音もなし
鶯や百人ながら気がつかず
柿もぎの金玉寒し秋の風
（C）水の面にあや織りみだる春の雨
手もたゆくあふぐ扇の置きどころ
のつぽりと師走も知らず弥彦山
（D）真昼中ほろりほろりと芥子の花
手を振て泳いでゆくや鰯売り
冬川や峰より鷲のにらみけり
（E）鍋みがく音にまぎるる雨蛙
さわぐ子の捕る知恵はなし初ほたる
湯もらへに下駄音高き冬の月

百七句のなかから十五句選んで五分類した。こうした分類が適切かどうかはわからない。試みに並べてみたのである。順に（A）貞門風（B）談林風（C）蕉風（D）蕪村風（E）一茶風、としたつもりである。この勝手な分類から、私が勝手に感じたことは、「脱皮」ということであった。（A）から（E）にわたる、良寛俳諧における「脱皮」である。それは同時に俳諧史における「脱皮」でもあると考察する。

そもそも、俳諧の生成過程には、「脱皮」の様相があきらかであった。連歌からはじまり俳諧の連歌へ、そして俳諧へ。和歌から派生した文芸が、このような「脱皮」を経たことは、とても興味深いことだ。俳諧はさらに、江戸期に入ってからも「脱皮」を続けてゆく。発句に文学的自立性を求めつつ、貞門俳諧から談林俳諧へ、そして蕉風俳諧へと、さらなる過渡の「脱皮」を経過する。和歌の命脈に並行して、俳諧が俳諧として更生してゆく様相は、まさに「脱皮」そのものである。

江戸俳諧は、芭蕉およびその門流によっていちおうの成熟を果たしたが、やがて、停滞をきたし、江戸後期以降は、蕉風復興のいっぽうで、蕪村や一茶など少数の個性的な俳人を誕生させた後、近代の俳句へと命脈をつなぐこととなってゆく。

「脱皮せざる蛇は滅ぶ」というニーチェのことばがある。「変化」や「適応」をよしとする処世訓として引用されることがあるが、そうした合理主義に基づくとらえ方は、少しく誤解をまねく恐れがある。なぜなら、このことばの後には、「意見を脱皮してゆくことを妨げられた精神も同じことである。」とあり、「脱皮」は「精神」に深くかかわっているからである。社会的適応性に重点をおいた「脱皮」ではなく、内的必然性に根ざした精神の「脱皮」が提起されたのが、ニーチェの言う「脱皮」である。

良寛の俳諧に、私は、江戸俳諧史の変遷に重なるものを感じとる。変遷とはすなわち「脱皮」である。貞門、談林、蕉風、蕪村、一茶という「脱皮」を、良寛は期せずして遂行した。いや、遂行したのは良寛ではなく、俳諧が俳諧の「脱皮」を遂行したのである。江戸期の文化的環境がおのずから俳諧精神の「脱皮」を促したと言えよう。

そして、意図せず遂行されたこの「脱皮」の陰には、多くの無名の作者、すなわち、詠み人知らずの作者が存在することも忘れてはなるまい。この詠み人知らずの作者こそ、「脱皮」する俳諧の主人公、すなわち内的必然性そのものではなかろうか。

「脱皮」の様相は、無名性の上にこそ顕現する。良寛という一人の無名性の上に、俳諧の「脱皮」が顕在したものと私は考える。名もなき民衆の上にこそ、真正な歴史の変遷をみることができるように、俳諧の変遷もまた、無名の作者の上にこそ顕在する。詠み人知らずの上に顕在した、「脱皮」する俳諧。良寛の俳諧の特徴を、私はそのように捉えている。

＊

ところで「いかにも良寛らしい句である」などと言われれば、なるほどそういうふうに思えなくもない。あるいはまた、「これが代表句だ」などと名のある俳人に断言されれば、そういうふうに思わざるをえない。「らしさ」や「代表作」の評価には、色濃く作家の属性が付随する。

散る桜残る桜も散る桜
裏を見せ表を見せて散る紅葉

この二句、良寛の句であるとされ、代表句のようにも見られているが、そもそも良寛の句であるかどうかは判然としていない。良寛が詠んだという根拠がないのである。特に「裏を見せ」の句については、貞心尼が「こは御みづからのにはあらねど、時にとりあひのたまふいとたふとし」と『はちすの露』に記しているので、良寛の作ではない可能性が高い。にもかかわらず「これぞ良寛」というような作品イメージがあちらこちらに見られるのはなぜなのか。

過日、ラジオを聴いていたら堀内孝雄の「惜春会」という唄が流れていた。この曲にも「これぞ良寛」の句、すなわち掲句が登場する。歌詞は小椋桂の作である。一番「兎にも角にも健やかで　また逢えたこと悦ぼう　年に一度の惜春会　特に話題は無かろうと」二番「友の訃報がまた一つ　風に飛ぶ花散る桜　残る桜も散る桜　ふと良寛を浮かべたり」以下略。

人生とはこういうものだ、人間とはこういうものだという、万人受けの抒情を伝えようとして、「これぞ良寛」の句が引用されているのである。句のイメージはすなわち良寛のイメージでもある。いかにももっともらしく伝える場合に、都合のいいイメージとして良寛を引用しているのである。かつてノーベル文学賞を受賞した川端康成でさえこうした引用をしたのであるから、引用して悪いはずはない。むしろ、個々バラバラに生きる人間同士がこれによって共感しあえるならばこれに越したことはない、という考え方もできよう。

しかし、その作者の伝記的人生によって作品のモティーフを後付けし、公約数的な作品鑑賞によって万人受けのするイメージを売り物にするようなことがあっては、作者と作品のほんとうの価値は損なわれよう。「良寛らしい句」も「良寛らしさ」も、暗黙のうち、安易に共有してしまう価値観の、負の部分かもしれない。

文章を無為に享楽する法を知らぬ。やたらに深刻をよろこぶ。ナンセンスの美しさを知らぬ。こ理屈が多くて、たのしくない。お月様の中の小兎をよろこばず、カチカチ山の小兎を愛している。カチカチ山は仇討ち物語である。

（太宰治「古典竜頭蛇尾」より）

いためにする文学、公約数的文学に対する太宰のアフォリズムである。この太宰の視点から見ると「散る桜」も「散る紅葉」の句もまったく色褪せて見える。たぶん、こういう句は良寛の句ではない。いや、こういう句も良寛の句であるかもしれないが、良寛にはもっと自由な、俳諧の生成に根ざす諧謔的遊戯性に富んだ句があることを知っておきたい。

山は花酒屋酒屋の杉ばやし

桜の咲く頃になると新酒の季節である。造り酒屋の軒先には杉玉が吊され新酒の出来たことが知らされる。酒好きの者にとっては嬉しい季節である。「杉ばやし」は杉玉のことだろう。杉玉は別名、酒林（さかばやし）とも言う。そこから「杉ばやし」としたようだ。わざわざ「ばやし」とひらがな書きにしたのは、囃す（はやす）を掛詞にするためであろう。つまり、「杉ばやし」は、杉林であり杉囃しである。

また、「花」と「酒屋」の「酒」（さけ）も縁語かつ掛詞になっており、「酒屋酒屋」は「さかやさかや」とも読むが、「さけやさけや」とも読むことができる。花見を待ち焦がれて、早く「咲けや咲けや」というわけである。

たった十七音（十二文字）の短いことばの中に掛詞や縁語が詰め込まれていることになるが、ことばの繫がりはしぜんで技巧的な感じはしない。一人の愛酒家が春の訪れをただ単純に楽しんでいるだけの句である。さしたる句意などはないようにさえ感じられる。縁語、掛詞の修辞も後景に退き捨象される。季題は「花」であろうか、「杉」であろうか。どちらにしても、ここでは季題もそれほど存在価値を主張していない。

句意も修辞も季題も影が薄い。というよりも、すべての修辞的なるものは酒誉めのために奉仕しているのである。これは、ただひとえに「酒」を囃して誉める句であろう。「やまははなさかやさかや」までは全部a母音。なんと開放的か。「酒屋酒屋」はそのまま囃し詞になっており、愛酒家の喜び一入《ひとしお》のまったく酒讃歌である。なお言えば、ふつう「山は花」と来たら花見（花誉め）がイメージされてしかるべきところ、この句には花見の風流はない。花より団子の花見酒。ただ愛酒家の戯言のような句である。

しかし、これをさしたる句意のないくだらない句だと斬ってしまえば良寛句の豊かさが消えてしまうだろう。この句が掛詞を遣い、さらに縁語、囃し詞までも駆使しているのは、修辞のための修辞ではない。二度三度吟唱すれば、これが句意の残らぬようになるための無為の技巧であることが分かってくる。意味を脱臼した洒脱な戯れ句であろう。

してみると、初めに挙げた二句、良寛自作か否かは擱くとして、これもまた戯言のように誰かが詠んでしまったのではないか、あるいは唱えてしまったのではないか、と不謹慎ながらも私は推察してしまうのである。「散る桜」「散る紅葉」を人生の最期に見立てて辞世の句にしたくはなるものの、それではあまりに人生が予定調和ではないか。辞世句をみこんで良寛がそのような道徳的俗情に妥協したとは思えない。

「文章を無為に享楽する法を知らぬ。やたらに深刻をよろこぶ。ナンセンスの美しさを知らぬ。」そのような者に俳諧は無縁である、と太宰の声が聞こえてくる。「いかにも良寛らしい句」が、「良寛らしさ」をすでに裏切っているのかもしれない。ためにする信頼と願望ほどあてにならないものはない。

あとがき

良寛に関する著作は多い。伝記、評論、エッセイ、童話、小説など、様々なジャンルにわたっている。映像分野においても、かつて映画になったこともあり、最近ではアニメ作品の制作も見られる。

また、郷土史研究者らによって関連史料が発見されることもあり、その分析も行われている。史的資料の研究は、小説などに比べると地味な活動であるが、良寛とその時代を、よりよく理解するためには、最も大切な分野である。

良寛の名はよく知られている。共通認識のようなものさえある。定着した良寛像が、どのようにして形成されてきたか。そのことを私たちは時おり考えてみる必要があるだろう。既成の良寛像のなかには、偉人化に終始したようなものも見受けられるが、真に創造的な良寛像は、地道な史料研究を礎にしていることを想起しておきたい。

本書は、わが良寛像である。私が心がけたことは、既成の良寛像に縛られずに書くこと、史的資料を踏まえること、この二点である。バイアスがかかることを警戒し、極力、自分じしんの実感と想像力によって書くようにした。

では具体的にどうしたか。歴史家でも小説家でもない私にできることはただ一つ。良寛の遺した、和歌、漢詩、俳諧、書簡、遺墨等を徹底して読みこむことであった。一句、一首、一篇、一節、一通のテクストに直接向かい合い、〈読み〉と思索を深めることであった。苦手な漢詩も、思い切って自分なりの口語訳を試みたりもした。

愚鈍にテクスト主義に徹しようとした。語義とその背後の思想をつかもうとした。だが、みずからの能力に限界を感じるとき、先行研究に頼ってしまうこともしばしばであった。みずからの実感と想像力、とはいえ、その貧しさを痛感することもあった。

そんなとき、いちばん参考になり、そして励ましになったのは、吉本隆明著『良寛』であった。多様な思想的バックボーンをもつ吉本の〈読み〉に刺激されたのは言うまでもない。予断のない彼の〈読み〉と思索はスリリングであった。まったく自由であった。膚接して作品そのものに向き合う姿勢に私は魅了された。吉本著『良寛』の序に次のようなことばがある。

良寛の性格悲劇には緊張と弛緩のふたつの位相があって、緊張の極限では、やがてくる近代の人間悲劇の必然的な形に接続し、弛緩の極限では師国仙が贈り名したように「大愚」という性格に接続していたとおもえる。良寛のこの矛盾ともみえるふたつの位相に言葉が同時にとどくことができるか。それがいってみればわたしが良寛論でやりたいことのかなめだった。（傍線筆者）

一人の人間の心奥に「緊張と弛緩のふたつの位相」を捉えた吉本の〈読み〉は、想像力のレベルを超えて予見性に満ちている。なんと深い〈読み〉であろうか。人間良寛の核心に「性格悲劇」を仮説し、さらに「近代の人間悲劇」まで思索したのは、たぶん彼が初めてにちがいない。

良寛の場合に限らず、すぐれた作品には「矛盾」が内蔵されている。葛藤する「矛盾」を良寛の作品のなかに感知し、その「矛盾」に届くことばを、彼は書き残してくれたのであった。近世が近代に接続してゆくときの、人間の内部の情況を、非僧非俗の乞食僧の作品のなかに、彼は見ようとしたのである。

それは、吉本じしん、自分がどのような場所から語り出そうとしているか、ということでもあろう。彼の〈読み〉はすぐれて能動的な行為である。客観的であると同時に主観的であるような、そういうテクスト論に徹した〈読み〉であった。〈読み〉の可能性に満ちた吉本の『良寛』、その著作に学んだことは少なくない。

本書に収録した拙論の約半分は、コロナ禍のなかで書いたものである。二〇二〇年の一月上旬、日本国内でも新型コロナウィルスが確認され、三月頃から感染が拡大、三つの密を避ける感染予防の対策がとられるようになった。すでに世界的大流行（パンデミック）になっていた。

ワクチンができれば一、二年で終息するかと思いきや、三年も経つ今、終息の見込みはまったくない。すでに四回目のワクチン接種をした人もあるのに、このコロナ禍はいつまで続くのか。ウィズ・コロナになるだろうという専門家もいたし、そういう予感はなんとなく私にもあった。ウィルスも生き物だから、生き延びるためには必死にちがいない。必死に生きるということにおいて、生きとし生けるものに差異はない。

生き延びること。などと簡単には言えるが、不幸にもこのコロナ禍で亡くなる人も少なくないのが現実だ。重症化して大変な思いをした人や、今も後遺症に苦しむ人もいる。免疫力には限界もあるし、幸い感染を免れていても、人と接する機会が少なくなり、心のバランスを崩す人も多い。じっさい、私の友人に、仕事を辞めざるを得なくなり、心身ともに変調をきたして心療内科に通うようになった者もいる。コロナ禍で、生活のリズムが狂ってしまったのが要因のようだ。

こうしたコロナ禍での執筆、拙論にはたびたび疱瘡（天然痘）が登場する。良寛が詠んだ疱瘡の歌である。ワクチンなど無かった時代、疱瘡は怖ろしい疫病であった。罹患した子どもたちが落命する。良寛は「親の心に代はりて」その悲しみをことばにしたのであった。

拙論を書きながら、若松英輔著『悲しみの秘儀』を思い出していた。読み返すなか、こんな言葉に再会した。

人生は固有の出来事の連続だから、同じ悲痛は存在しない。しかし、悲嘆を生き抜くという営みにおいて人は、他者と深くつながることができる。時空を超えて共振する。

他人事ではない、という思いは東日本大震災のときにもあった。コロナ禍では、その思いを強くした。しかしその思いはやがて、みずからが当事者でないことに安堵してしまうことでもあった。自分じしんの固有の悲しみと向き合いつつ、他人事を自分事にすることは、なかなか容易なことではない。

他者とつながるということはどういうことか。拙論を書きながら、「時空を超えて共振する」他者の存在に、少しだけ近づくことができたように思えた。疱瘡の歌を介して、今このときのコロナ禍が、生きとし生けるものの「共苦・共生」の出来事として感じられるようになってきた。

私の良寛像は、まだまだ不充分である。そして、私にとって良寛の全体像は、ますます謎に包まれている。あれもこれも書き残したことばかりで、後ろ髪の引かれる思いである。しかしながら、良寛の出奔と帰還については、先入観を持たずに書けたのではないかと思っている。家父長的なものからの脱落が人を自由にするということについて、なお考え続けてゆきたい。

書き残したことを挙げれば、まず、良寛の女性観がある。母おのぶ、維馨尼、貞心尼など、女性たちとの交わりのなかに、今で言うところのフェミニズムに通ずるものがあると私は思っている。そのほか、書について、仏教観について、遊戯についてなど、まだいろいろ書き残したことはあるが、今後の課題としたい。

本書に収めた論考のうち十篇は、季刊「はぬるはうす」に、「良寛像覚書」と題して連載したものである。NPO法人ハヌルハウスの発行するこの季刊誌に、発表の場を与えてくれたのは、この法人の代表、前田憲二氏であった。氏は、日韓・日朝の文化交流にご尽力される一方、ドキュメンタリー映画の監督として、『神々の履歴書』など多くの作品を制作された方である。監督に励まされながら、なんとか書き続けたことが本書の誕生となった。前田憲二監督に心より感謝したい。

また、新進の画家として活躍中の山内若菜さんには、わが良寛像のイメージにふさわしい作品を提供していただき、本書の表紙を飾ることができた。望外の喜びである。

最後になりましたが、本書の出版をお引き受けいただきました花伝社社長平田勝氏、ならびに、きめ細かな編集をしていただきました佐藤恭介氏、そして、素敵な装丁をしてくださいました生沼伸子氏、以上三氏にはたいへんお世話になりました。あつくお礼申し上げます。

二〇二二年一二月三〇日　　　　著者

〈主要参考文献〉

『定本　良寛全集』中央公論新社、二〇〇六年、二〇〇七年
谷川敏朗『校注　良寛全詩集』春秋社、一九九八年
谷川敏朗『校注　良寛全歌集』春秋社、一九九六年
谷川敏朗『校注　良寛全句集』春秋社、二〇〇〇年
谷川敏朗『良寛の書簡集』恒文社、一九八八年
吉野秀雄『校注　良寛歌集』平凡社、一九九二年
東郷豊治『良寛詩集』創元社、一九六二年
渡辺秀英『良寛詩集』木耳社、一九七四年
加藤僖一『解良栄重筆　良寛禅師奇話』考古堂書店、二〇一一年
森本和夫『正法眼蔵を読む』春秋社、一九八八年
吉本隆明『良寛』春秋社、一九九二年
田中圭一『良寛の実像』刀水書房、一九九四年
磯部欣三『良寛の母　おのぶ』恒文社、一九八六年
北川省一『定本　良寛游戯』東京白川書院、一九八三年
植木雅俊『差別の超克　原始仏教と法華経の人間観』講談社、二〇一八年
佐々木潤之介『江戸時代論』吉川弘文館、二〇〇五年

〈初出一覧〉

1 「異人」の貌　季刊「はぬるはうす」57号（二〇一八年六月）
2 児童との遭遇　同58号（二〇一八年九月）
3 遁走譚　歌誌「ぷりずむ」56号（二〇二一年一〇月）
4 「家出」考　季刊「はぬるはうす」62号（二〇一九年九月）
5 杖と望郷　同60号（二〇一九年三月）
6 路傍の眼窩　同63号（二〇二〇年三月）
7 不安と自由　同61号（二〇一九年六月）
8 「世の中」としての草庵　短歌研究誌「美志」20号（二〇一八年八月）
9 「乞食」考　季刊「はぬるはうす」65号（二〇二〇年八月）
10 歩けば、良寛　六花書林発行「六花」1号（二〇一六年一二月）
11 「災難に逢時節」という思想　季刊「はぬるはうす」66号（二〇二〇年一二月）
12 「無力」の抒情　未発表
13 贈与と挽歌　歌誌「ぷりずむ」55号（二〇二二年八月）
14 「命をきる斧」をめぐって　季刊「はぬるはうす」59号（二〇一八年一二月）
15 良寛螢　同64号（二〇二〇年五月）
16 脱皮と諧謔　未発表

武藤雅治（むとう・まさはる）
1951年、神奈川県平塚市に生まれる。元定時制高校教員。有機無農薬栽培農家。学生時代に岸上大作、吉野秀雄の歌集に感銘を受け、短歌を作り始める。『閃』『開放区』『弾』等の同人誌に参加。現在は、福島泰樹主宰「月光の会」、長澤ちづ主宰「ぷりずむ短歌会」に所属。また、坂井信夫らとともに「現代詩歌・湘の会」を運営する。
著作として、歌集に『指したるゆびは撃つために』（1978年、閃の会）、『泥の日』（1991年、ながらみ書房）、『鵺』（2014年、六花書林）など。評論集に『抒情の水位』（2000年、ながらみ書房）、その他句集や共著がある。

装画：山内若菜

異形の良寛——渇きと訪れ

2023年3月5日　　初版第1刷発行

著者 ——— 武藤雅治
発行者 —— 平田　勝
発行 ——— 花伝社
発売 ——— 共栄書房
〒101-0065　東京都千代田区西神田2-5-11出版輸送ビル2F
電話　03-3263-3813
FAX　03-3239-8272
E-mail　info@kadensha.net
URL　http://www.kadensha.net
振替 ———00140-6-59661
装幀 ——— 生沼伸子
印刷・製本— 中央精版印刷株式会社

ISBN978-4-7634-2053-4 C0095